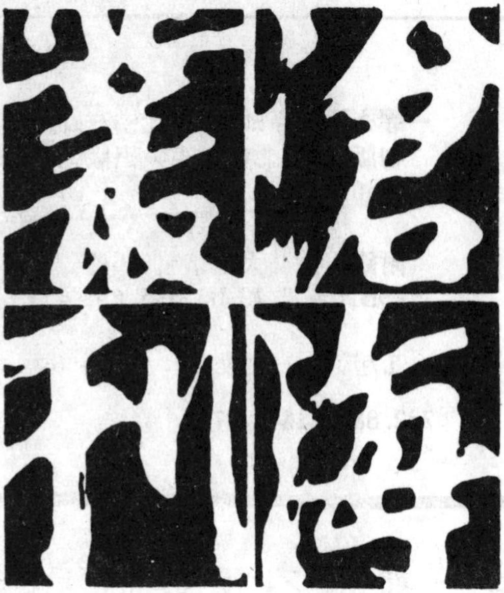

# 一顆永不隕落的巨星

光中法師 著　東大圖書公司 印行

一顆永不隕落的巨星
編號 E 78066
東大圖書公司

國立中央圖書館出版品預行編目資料

不隕落的巨星/光中法師著.--
.--台北市：東大出版：三民總
，民77
面；　　公分
：玄奘大師事略等6種
N 957-19-0513-5（平裝）
恒悬—傳記　I. 釋光中著
86/8434　8766

# 永不隕落的巨星

著　者　光中法師
發行人　劉仲文
著作財產權人　東大圖書股份有限公司
總經銷　三民書局股份有限公司
印刷所　東大圖書股份有限公司
地址／臺北市重慶南路一段六十一號二樓
郵撥／〇一〇七一七五——〇號
初　版　中華民國六十八年八月
四　版　中華民國八十二年三月
編　號　E 78066
基本定價　肆元貳角貳分
行政院新聞局登記證局版臺業字第〇一九七號



ISBN 957-19-0513-5（平裝）

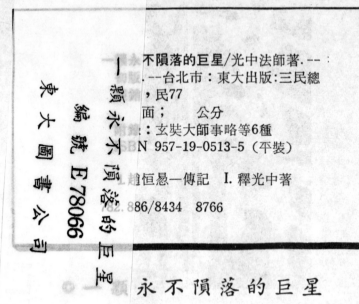

趙恒惖長者八十八歲時之壽相，攝于書室。

四十歲（任湖南省長兼湘軍總司令）

御僧裝

出席世界佛教大會于日本

揮毫

九十華誕時，總統　蔣公中正親臨致賀。

總統　蔣公中正暨蔣院長經國致賀後，在趙府小敘。

民國六十一年深秋于榮總病癒出院的當天下午　蔣公趕去
趙府探視辭出躬送上車踱下一級階梯時攝影

左手後面是炎公最小的女兒過去于臺大卒業後入芝加哥大
學獲博士學位曾于舊金山石油公司服務

九十華誕，佛教界在善導寺設壽堂頌經。

道安撰聯

萬古仰完人大漢聲威揚異域

千秋傳絕學盛唐文物震全球

趙恒惕敬書

書法（玄奘寺聯）

子若先生命書

是真佛能消萬劫

惟大儒理亂八埏

趙恒惕

法書

真心無表裏無方所為執
妄念而覓自性無異雁群之
飛尋天際終不可得不可得
者即自性無二亦無增也

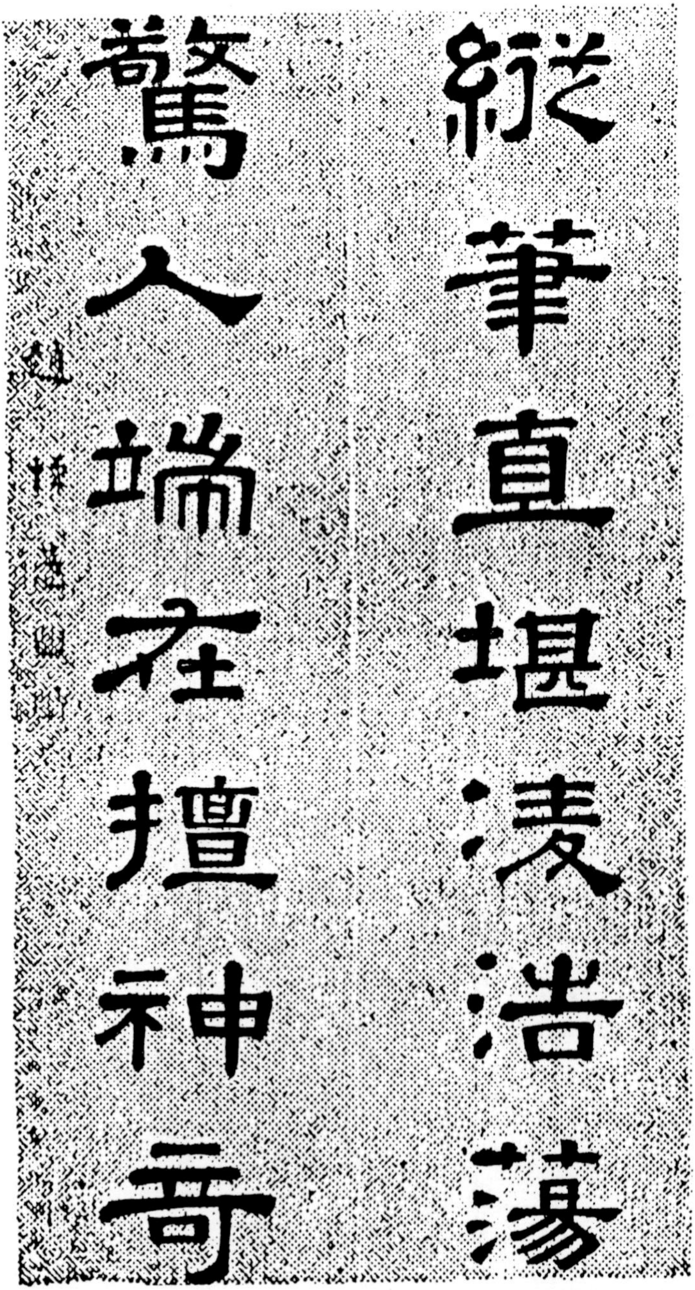


法書

# 自序

溯自民國二十九年長沙第二次會戰的烽火中，我隨淪陷區流亡學生，來到湖南戰時省會耒陽金盆塘，青年團湖南支團部青年隊。雙十節參加省教育廳的國慶大典聽訓，大會中省參議長趙恒惕長者炎公蒞臨主持慶典。那時候，就曾親覩長者英睿而不失厚重慈祥的道範，年湮代遠，記憶猶新。

時光荏苒，一直到民國五十年，即我出家後的第四年，於臺北慧日講堂掛單，他老去講堂看印順導師，得重謁慈容，但那只是短暫的問訊寒暄。直到民國五十七年，由於醞釀梨山福壽山天池興建佛教叢林——「福壽山般若禪寺」的因緣，始與炎公老人時相往來，結下了以後的一段因緣。

民國六十一年晚春，曾於榮民總醫院一同住院，那次我與炎公有十天的共聚，天南地北，過去未來，無所不談。有天晚上，談得很高興的時候，他老笑哈哈的說：「

光中法師，我與你很有緣。」誠然，我與他老人家，確實很有緣分，無拘無束，很有親切感。論世俗年齡，長者比我年長幾乎一半，他老是我們湖南的老鄉長，也是我俗家趙姓的老族長，如不是出家，端爲老前輩。可是我俗家趙姓，長者一直到他生西的半年前才曉得，而謙光盛德的他老，共話家常時，總是光中法師長，光中法師短，絲毫不以長輩自居。

還有一次在他老家中，我對炎公說：「以後我以老居士稱呼，然否?」相囑：「唯然，遵佛制……以老居士稱謂可矣!」長者且語重心長的對我說：「早年在湖南未信佛，不知振興佛法，如今想替佛教做事，常感心有餘力不足!」愛教之心溢於言表，使我肅然起敬。莊子云：「久與賢人處則無過。」十載如一日，吾與長者，猶爲德友而已矣，獲益良多，深爲慶幸!

往昔得識炎公長者十載，其中最接近的時間，幾三年許，卽民國五十九年，日月潭玄奘寺住持遠涉國外未歸，寺內人事青黃不接，我與道安老法師，遵從他老的心意，由梨山去玄奘寺的前後；尤其於道老接任玄奘寺第三任住持，籌備晉山那半年多的光景，我滯留臺北，因事甚或一天要去趙府打擾一兩次，有時鎭日停留在他老的家裏，而含光斂耀的炎公，從無半點慍色；他老可說得眞是一位常不輕菩薩，看誰都是佛、都是大菩薩，也從沒說過半句是非話。這與時下一些居士，學佛沒三五天，就會批評出家人，且以「上師」自稱，或巧立名義，與出家人分庭抗禮，眞是不可以道里計！

那些歲月裏，無論爲教，爲玄奘寺董事會、常住，倘若去找這位以謙自律的老人，例必有求必應，樂此不疲；也不管成功與否，雖年逾耄齡，遠涉不便，總是不是寫信，就是撥電話，從不猶豫、推卻或廻避，所謂：「不精不誠，不能感人。」誠所言也。然而炎公這番精誠擁護正法，護持三寶的大願大行，眞不知該用何等語言文字表達彰顯哩！

長者信佛皈依逾半個世紀，在這悠遠的歲月裏，護法衛教諸勝行，可謂說不盡，寫不完。我認識他老僅十數年，於此期內，也只是梨山建寺，擴建日月潭玄奘寺這一段因緣比較清楚，其他的知道的較少。當然，聽聞些許，只是一鱗半爪，掛一漏萬。

但在教界四眾弟子評價中，可公認的是，炎公護法最力，影響最大，長者對三寶只盡義務，從不求權利。竹子愈高，愈能彎腰。他老雖謙卑自居，但無論是出家或在家眾，無不敬重有加。

以佛心爲己心，佛志爲己志的炎公，往昔有關教內教外的一些大問題，他老知道後，無不出面解決。尤以曩昔玄奘大師的靈骨得以從日本迎歸國土，厥功爲首。

炎公生西的第二年，中國佛教會主辦每年一度的春季例行仁王護國息災大法會，法會期中的某一天，馮永禎秘書長，不勝慨然對道安老法師說：「趙老一走，今年的息災法會，就差得太遠，困難好多好多！」長者對佛教，可說爲翰爲屏，矢勤矢勇，夙夜匪懈，功德歎無窮！

炎公他老的一生頗著傳奇，榮耀備矣！早年入同盟會，與蔡鍔、唐繼堯等均少年發跡。創建民國，奠都南京，皆參與其事。年四十榮膺湖南省長，兼湘軍總司令，譽滿華夏，威震寰宇。

任內後期開始信佛皈依，宿根深厚，篤信不移。溯自民國十四年卸任離開湖南，一逕遁居上海，含光斂耀，不求聞達，昕夕禮念，靜居禪思。

抗戰期中，三湘子弟，圖謀東山再起。僞和平軍汪精衞政府，諳知德不服眾，乃遊說炎公，冀能登高一呼。然則悉爲光前裕後的他老忿言摒棄，足見長者之明是非、分忠逆。

他老由於深受佛法薰習，諳內典，尚靜慮，禪宗的一念不生，當下就是。解粘去縛，消歸自性。每於《夷午詩園摘錄》的詠律中略見風光，因而擷取其中七絕一韻，綴諸篇首，以饗讀者。

寫普通傳紀易，爲偉人作傳難。蓋傳紀敍事便捷，而欲彰顯偉人的內涵好難！因爲這番工夫，必須自己要有很高的智慧，很高的藝術修養，很高的文學創作才情，才能懂得運用比興體的文字，把文字的外表先去掉，然後發出智慧的靈光，透出事物之內的實質最高層面，方乃得稱。鳩拙如我，怎能勝任?!

前面已經說過，炎公長者護持正法這麼久，而我所知只不過是其中的片段，縱使勉爲其難寫了一些，無異以蠡測海，安能望其涯涘！以上所敍，有關往昔得識炎公長者的因緣，是我對長者誠摯的敬意、深深的懷念，也是我振筆疾書的主旨和動力。

本書的內容，除了懷念趙炎公長者以外，也寫了些往昔玄奘寺興革事宜；但書的正文後面，因爲前任住持道安老法師是過去擴建玄奘寺，一身所繫的主腦人，後來那項擴建工程，爲何弄成雷大雨小，乃至終成泡影，問題的癥結，究竟在那裏，必須有所交代，因此將它的來龍去脈，前因後果，都稍稍寫了一下。

由於當初（初版）流通的對象是社會人士，難免摻雜些「俗言」「俗事」，嚴格說來，不無內容泛散，結構欠完整，這些都是筆者感到不滿意的地方，以後如有再版，當詳加訂正，尚望教內明達大德有以鑑察是幸！

本書曾一度改名為《憶趙恒惕長者》及《富貴無驕》，經一再斟酌，仍恢復原名《一顆永不隕落的巨星》，脫稿後，炎公的哲嗣佛重居士代我於臺北覓妥一家純學術性的「藝文誌」季刊連載。及後又蒙趙孟完聚鈺大德，獨資以趙氏宗親會的名義印行，事後我才知道，要謝謝他們昆玉，和他閤家人等。

這本書能於短期內再版，首先要感謝大乘精舍樂崇輝居士的倡印、集款及籌劃。復次，名作家謝冰瑩老居士、延宕居士楚戈袁德星，荷蒙賜序，增光篇幅。他們兩位一生都是備極崇敬景仰炎公長者的大德。復次這次再版的除蕪存菁工作，開澄法師幫了很多忙，雷夷居士設計封面，又承蒙大乘精舍的主編孫毓駰老居士斧正精校，煞費苦心；助編陳美玲居士抄校、影印，以及他們十餘位同仁的襄助，備極辛勞，印刷廠老闆賢伉儷也特別幫忙，謹此一併深致謝意。

又本書再版，加了數千字，以充實內容。另附錄三、四各項，其中的圖片、文字，也是此次增入的。再者，書中的目次，原先只有四十二個，為求文氣更為生動，乃再增加了六十七，計一〇九個。

今值再版前夕，謹綴蕪言，聊為序云耳。

七十三、一、六釋光中於上心蘭若

# 序

謝冰瑩

記得六十多年前，我在古稻田，省立長沙第一女子師範讀書的時候，就間接地認識了趙炎午老居士。那時我們經常從報紙上，（特別是大公報）讀到有關他老人家治理湖南省政的報導。當時他是湖南省長兼督軍，大權在握，正是赫赫有名的大官；可是訪問過他的記者，都說趙省長是一位與眾不同的特殊偉大人物。他沒有絲毫官架子，他有一顆仁慈的愛心，和滿腔的熱情；他是在實行「仁政」，對於全省民眾，不論在那一方面，有什麼困難、痛苦的，總要想盡方法去解決，去救濟；因此在湖南全省民眾的心目中，趙省長眞是名副其實的父母官，眞是人人口裏讚美的青天大老爺。

這次，我拜讀了光中法師爲趙炎午老居士寫的原稿《一顆永不隕落的巨星》，更了解了炎午長者，是菩薩的化身。他的生活，是這麼儉樸、清寒。整天在他腦海中盤旋的問題是：如何在臺灣振興佛教？將來好回大陸去，把這些優良的種子，播撒到全中國每一個角落去，因此他常和印順、南亭、道安、光中……等法師，以及李子寬等居士們商討如何在梨山建築大叢林；如何培植更多的青年僧尼法寶。惜因爲經濟條件的限制，一時不能實現；但只要有了藍圖、有計畫、有決心、有毅力，總有實現的一天。

慈瑩佛緣太淺，沒有趁老居士在臺灣的時候，多去拜訪請益，失去了領教的機會，眞是可惜！

幸好光中法師，與炎午老居士有緣，經常在他老人家左右，獲得很多教益，保存了不少珍貴的資料。讀了本書，就完全了解炎午老居士是一位怎樣愛國、怎樣愛教、怎樣誠懇慈悲，薄己厚人，視富貴如敝屣，一生爲民爲國奮鬪犧牲的文武老將！

現在，老居士的軀體雖然離開了我們；然而他那慈悲喜捨，淸高廉潔，救國救民的精神，永遠存在世間，爲我們的模範。老居士留下那些未完的工作——偉大的計畫，需要我們全體法師和居士，以及所有全國的善男信女，團結一致，共同努力，促使早日完成，以慰南亭法師、道安法師、炎午居士等，在極樂世界的英靈。

民國七十三年五月二十四日

# 青山依舊・綠水長流

楚 戈

民國五十一年《獅子吼雜誌》在臺北復刊，易陶天師兄，奉師父道老之命，邀請了幾位師兄弟擔任編輯委員，籌備《獅刊》復刊事宜，初步決定採取一般綜合雜誌的形式，內容有思想、佛學、文藝等項目，其着眼點是希望這本雜誌能深入社會各個層面，能產生比較廣泛的影響。不完全以佛教的姿態出現，或許更能負起宏法的工作。此一編輯方針獲得道老的首肯，於是由編委會商量分配工作，大家推我擔任文藝方面的約稿和編輯工作。

其時，松山寺一部分仍然是茅棚搭蓋而成，我和陶天師兄共住一間小禪房。

大概是從第三期或第四期開始，執行編輯因爲事忙沒法顧及編務，師父便指定我負責整個編輯工作。有一天正下雨，我有事需要上街，看看天空，正在山門邊躊躇着，一位和尚撐開了傘說：「是不是要去搭車？我們一起走吧」，於是我們邊走邊聊，也談到不少有關《獅刊》的事，他說師父最擔心是脫期，希望我多盡點心。後來知道他是部隊退伍下來的。而我當時仍然在林口心戰部隊當小兵，由於負責部隊小刊物的編輯，所以比較自由，每週總有兩三天住在松山寺，那時常聽師父講《心經》和《金剛經》，非常嚮往出家生活。因此和這位軍官出身的和尚就特別投緣。

這位和尚就是光中法師。

後來光中法師奉命主持日月潭玄奘寺，有意大加改革、擴建，曾建議師父在大殿內外增塑佛像、壁畫、浮雕，殿前的照牆另敍作一大浮雕，表現大師西域取經故事。師父有一天晚上把我叫到他的禪房，叫我協助光中法師完成這一心願。佛教界這樣一件大事，我聽了以後自然極感興奮，保證全力促成這一功德。

我向師父說，雕刻的資料，由我負責蒐集，主事的雕刻家想找楊英風先生出面，可以利用寒暑假，請國立藝專雕塑科同學參加工作，這樣既省錢，又可使同學有實習的機會，事情並不難辦。至於錢的問題，可採古代供養人的方式，請有錢的人捐款，每龕有大小繁簡之別，捐錢多的，作大龕，座下鐫鏤捐贈者的芳名，可以永垂不朽，所以錢大概也不成問題。師父聽了也覺得有理。

而我唯一的要求是雕刻水準一定要精到，甚至不妨仿塑雲岡或天龍山、敦煌等處的風格，如果發動藝術界來共同參予，也不妨在室外有些近代的創作，務求展現近代中國的佛教雕刻水準，使日月潭成爲中部的一個藝術中心。我這要求，也使師父興奮了起來，他說馬上要跟光中法師商量，希望早日動手。復次，有關寺內雕塑等，佛本生故事資料甚多，印度本土雕刻，較中國大異其趣，比如摩耶王后，印度雕像多半上身裸露，也有全裸，蓋受希臘或羅馬雕刻之影響。佛從左脇誕生時，接生人有的是男身，有的作宮女形，也頗不統一。中國無論壁畫、雕刻，摩耶夫人之衣飾皆有中國化之傾向，絕無裸體的例子。因此決定以雲岡雕刻爲藍本。是故擬以敦煌彩繪作參考。

此一計畫後來未能如願實現，其間種種因緣，光中法師在《一顆永不隕落的巨星》一書中均約略提及。多年後與法師重逢，談及前塵往事，猶不禁惋惜萬分！今當再版前夕，承法師命我寫一篇結緣始末，我把記憶所及錄之於上。就把它算作跋吧。

民國七十三年九月十日於故宮博物院

# 目錄

「最上根機佛早成，惟嫌恩怨太分明；
心源廣大無人我，不滅何由證不生。」

這首七言絕句詩，是趙恒惪長者於民國四十二年六月悼念臺北・汐止・彌勒內院・慈航老法師的吟詠。

## 一、幼年景仰道範

長者諱恒惪，字夷午（炎午，以下稱炎公）。湖南衡山人。

炎公離開塵世，雖逾七載，然我對其懷念，猶難形於言表；如以他老的功圓果滿，回歸安養來說，當爲人天共仰，諸佛歡喜之事；可是值此教運不振，邪魔野干爭鳴之秋，尚賴長者住世，廣作佛事之際，溘然西歸，能不愴然興嘆！惟生必有滅，法爾如是，亦是無可奈何之事！

憶自幼年，常恭聆家父講述他老主湘德政及攘夷綏靖的史實故事；所以對我們這位湖南老鄉長，遠自幼年便生起無比的崇敬和景仰，並渴望一瞻英睿道範以爲榮。

民國廿九年秋，我在湖南戰時省會——耒陽，國慶日到省政府教育廳聽訓，獲瞻英容，始償夙願。這是他老回湘（民國十五年，卸任湖南省長兼總司令後，一直旅居上海，至七七事變始回桑梓。）出任湖南省參議會議長的任內。

抗日軍興，中央爲配合戰略上的需要，暨軍事上的方便，乃任命全國各戰區司令長官兼任當地省府主席。斯時，第九戰區司令長官薛岳（伯陵）將軍兼主湘政；司令長官部爲指揮前線作戰事宜，故設省垣長沙。然省府以大敵當前，爲策安全，乃南遷耒陽；南北相隔踰九百里，路途迢迢，兼顧匪暇，分身乏術。當時湖南地居大後方之屏障，尤與國家存亡，休戚相關，則軍政不可偏廢，省參議長人選，至爲重要，因此炎公在萬方矚望之下，也就受命於危急之秋了。

八年抗戰，長沙三捷；倭寇膽喪，威震中外。奠定勝利基石，拯救全人類於水深火熱之中。此雖爲薛長官之殊榮，然，勵精圖治，軍政修明，尤其抗戰以來，湖南文化教育迅速發達，其成就，譽爲全國之冠，此中得力於這位含光抱德的湖南老鄉長之助益，實非淺鮮。

## 二、梨山建寺因緣

民國五十四年四月，我與惟明開澄法師結茅於臺灣南投縣埔里鯉魚潭；當時山下榮民醫院埔里分院的史忠居士（醫師），覺得那山上非久住之地，勸請去梨山結茅自脩。是年秋，應邀前往，那次勘察的地方，雖然有好幾處，但只有天池山麓一帶，覺得最宜辦道，結茅自修了。

「天池」位於梨山福壽山農場的後端高處，距農場場本部大約五華里許，柏油馬路蜿蜒而上；抵達後端，再下車登山，約十分鐘卽可抵達頂端。海拔二千六百公尺，標高處有小池，面積約二百餘坪，水草茵茵，終年不涸；地籟潛聲，因以爲名。萬山簇擁，羣峯拱拜；雲海汹湧，松濤澎湃。有陽朔之秀麗，峨嵋之奇觀，的確是脩行辦道勝境。

當時史忠居士的家室暨姻親，都住在梨山鎭上，以此因緣而爲道場外護，自是理想，代向各方面連繫，亦頗方便。他建議：「如果炎公長者慈悲，願發此大心，則請法師不妨將申請土地的範圍，儘量放大一點，以備將來遇有因緣，則擴建成過去大陸上那樣規模宏偉的叢林道場，福利蒼生，功德無量。」

惟這一帶土地，悉屬行政院國軍退除役官兵輔導委員會（以下簡稱輔導會）管轄。據該場洗場長告知：「如有所需，先行呈請輔導會核准，然後方可使用。」並得悉輔導會趙主任委員孟完（聚鈺）先生爲炎公令阮，倘得炎公一言關照，必易成就。因此，這也就結下我後來常去請益的殊勝因緣。

## 三、首次謁訪炎公

民國五十四年中秋節後，第一次梨山勘察歸來不久，爲梨山建寺事，陪同道安老法師（以下簡稱道老）一同去趙府拜訪。那時炎公還寓居臺北木柵脾腹路，這是我首次見到長者，亦是我生平難以忘懷的最愉快、最感榮幸的一次拜候。

按過門鈴。少頃，門打開了，出來一位矮矮胖胖，相貌敦厚莊重，年逾花甲的老太太。道老微笑地說：「你認識我嗎？」這位老太太頻頻點頭而極爲謙遜的合掌回答：「認識！認識！你老是松山寺、善導寺的大和尚（方丈），前些年我還在善導寺聽老法師講經哩！」道老說：「啊！原來你也是佛門的皈依弟子。好的，好的。今天我們特地來看炎公的。他老人家在家嗎？」老太太說：「老太爺今天午覺睡得遲一點，到現在還沒有起床哩。對不起，兩位師父請先進來坐，請先進來坐。」

跨進大門，但見滿院斜陽高照，岑寂無聲；其宅久故，而復頓敝，牆壁斑脫，門扉圮坼。然而，我一向想像中的炎公公館，應該是輕條拂戶，蕊花被庭，美輪美奐，舒適高雅的別墅；要不是剛才聽到老媼的說明，我簡直不敢相信這就是我們總統府資政趙炎公的府第。

踏上臺階右拐，入小客廳。廳內陳設很是簡陋，三、五張舊式樣，相當粗糙的沙發，配上牆角那具超齡的收音機，和褪了色的牆壁上掛的一本差不多已撕掉三分之二，品質粗拙的小日曆之外，就再也不見有別的家具敷設。語云：「君子固窮」，其是之謂歟！

就坐後，不多時，炎公撥開潔白粗布的門簾，着一套粗糙料子，開胸綴布紐扣的白短衫，看式樣、成色，莫非還是遠從家鄉帶出來的老漢裝。今天在此果然見到了趙炎公，眞是穿的這麼樸素的粗布衣服，使我想起從前家鄉的父老們，常以懷念的口吻慨嘆地說：「趙某（指炎公）從前當省長的時候，他是我們湖南省終年着大布長衫，沒大派頭的省長；以後如果再想求得這樣一位省長，恐怕踏破鐵鞋無覓處囉！」所謂：「身教大於言教。」誠不我欺耶！

但當正作如是思維，如是念頃，他老從從容容地踱步出來，笑容可掬，謙和地說：「對不起！久等了！請坐，請坐，……」那時他老已是八十開外的老人了，豐神朗秀，目光炯炯，使我的內心好驚奇呀！炎公怎麼這麼樣的健康，這麼樣的慈祥，這麼樣的儉樸、和藹？啊！他原來就是我景仰多年的廣瀚襟懷，平實近人的長者。令我們如沐春風，頓覺心身清涼、怡悅、廓然、自在。

## 四、芻議建寺事宜

寒暄了幾句，他老便說：「今天你們兩位法師怎麼有空光臨寒舍？」道老便趁着炎公的問話，回答說：「這位廣忠法師（這是我初出家時候的法名）在臺中梨山福壽山農場附近，看到了一塊有好多甲大的土地，想在那裏辦個念佛道場。據說那一帶暨梨山鎮上，除極少數的山胞和由本地遷徙上山去的老百姓外，其餘幾乎全是退除役官兵，解甲歸農，在那裏披星戴月，墾植菓園，收成豐稔，安和樂利；只是目前交通稍欠利便，從山上下來一趟，到臺中、東勢鎮上，要坐三個半小時的汽車；如去花蓮、宜蘭，那就更爲遙遠了。惟那重山叠翠的遼闊原始森林，經孟完先生的睿智深慮策劃，聚精會神的經營，幾年光景，一變而成爲菓木扶疏，翠綠成林的農耕地。富國利民，充實國防，殊堪敬佩！

鎮上的都市計畫，刻在釐訂中，將來的人口，必定大幅度的增加，是故興建佛教道場，至爲需要；尤其大陸來臺同胞，幾乎全是信奉佛教，或對佛教有非常好的印象。廣忠（我出家時的法號）上次去的時候，當地的居民都非常歡喜，倘若能在那裏辦一個念佛道場，領導念佛，使梨山的榮民身心有所寄託；且助益社會，亦匪淺鮮，當是一件功德殊勝的好事。不過那裏的土地都是屬於輔導會所有，特來請你老人家向孟完先生進一言，要請他發心作這個爲萬世開太平，爲我佛續慧命的殊勝功德，助一臂之力。」

炎公聽道老所說的這番話，正符其夙願，心中非常歡喜，便高興得頻頻點頭說：「這當然太好了囉！只要你們兩位法師發大心，行菩薩道，能茹苦含辛的去結茅開山，我當然責無旁貸而爲外護；如今臺灣尙無略見規模的叢林，也沒有一處國際性的佛學研究所，如今旣來發此大心，不妨把它規劃得大一點，並作一個通盤計畫。請先寫好一份梨山興建佛寺建議書給我，我可先去請示　總統；蔣公事親至孝，爲報母恩，久有興建寺塔的宏願，將來只要我們自己作得有成績，表現良好，　總統定會歡喜讚歎，大力而全面支持的。但是，道安法師！你一定要擔任那裏的住持名義，我想將來我們都發心出來負責，籌款是不會太困難的。至於土地的問題，我會同主任委員商量，像這種定國安邦，福利人天，而且一舉數得的善事，只要沒有特殊困難，想他定會玉成的。」當時道老也表示：「那好極了！我們就先作如此決定吧！不過依你老人家所說，如果創辦佛教叢林的話，最少需要四十公頃以上的土地（指第一期所須土地）才够規劃。」最後他老莞爾咐囑：「好的，最好過些日子，請廣忠法師勞神再來一趟，好作商量。」

## 五、志行高潔　因果分明

談話在愉快的氣氛中結束了，炎公起身回到他自己的臥室，取出一個小白布包，原來那裏包藏着八小塊黃金和一對金鐲，他老的心情與神態，似乎顯得有些沉重，他打開白布包向道老說：「這點首飾，淨重一十七兩九錢，是過去我在南嶽時，爲創辦南嶽佛學院而籌募的款子。民國卅八年離開湖南的時候，我把它帶出來了，何日是歸期，尙難逆料！日子久了，怕把它用掉，請你帶回去，作爲松山寺法王殿的建築費，也了卻我多年來的這樁心願。」道老把這些黃金收下的時候，臉上呈現出感謝、崇敬的神色，令人難以忘懷。

辭出，炎公送我們踏上夕照的歸途。一路上，道老對我說：「誠然，炎公他老人家這件事，在今日功利至上的時代潮流裏面，眞是稀世之聞！所謂：『疾風知勁草』、『時窮節乃見』因爲這筆錢，是在歷盡滄桑和經過數不盡的艱難苦厄，嚴厲的考驗下，擺在趙老的身邊已一十六個年頭。如此漫長的歲月裏，卻不曾動用分毫，連他的家人也從不知道有這回事，足見他老人家因果分明，臨財不苟的長者之風，也表現了最高的宗教情操。」

第二次我去趙府時，因不知道他老的生活習慣，去早了一點，到達時，炎公仍在睡覺，老媼不敢入室驚擾，我只好獨坐客廳相候。後來他老人家知道了，便對老媼緩慢而斯文的低聲咐囑說：「這位廣忠法師，都是有重要事情才來的；以後他不論何時來到，都要立即告訴我。」老人年高，尚且如此體貼，垂顧這些生活細節，我眞是受寵若驚。雖然蒙此優厚禮遇，但以後我去趙府的時候，除特殊情況外，總要把時間安排在上午十點或下午四點的光景。因爲年事已高的人，睡眠最爲要緊，再也不便過早相擾。

## 六、福壽山叢林命名

過沒多久，我又陪同道老去木柵看他老。我們這次談話的主題，爲的是上次我們商談的結果，決定在梨山福壽山農場後端高處天池附近籌建佛教叢林，這次來商榷該叢林命名的事情，決定了後，我們便好着手撰寫構想及緣起等文件。

他老說：「對的，要用什麼名稱較爲妥當？」道老首先表示說：「『福壽山』這三個字，就字義來說只具足了「福」，而缺少「慧」。依佛法而言，世間一切無不是表「法」；再者，佛法重智慧，凡是一處道場，應以『福慧具足，方爲圓滿。』如今既然缺少慧，故以『二嚴寺』得稱爲究竟（二嚴卽是福慧莊嚴的意思）。「他老當時覺得這個寺名在臺灣不會有相同的，也很別緻，含意尤深，且爲殊勝；惟嫌太雅了一點，顧慮到一般人看不懂。道老接着又說：「那就改爲『般若禪寺』好了。因爲『般若』卽智慧義，這樣與福壽山的『福』併合爲二（福慧）嚴（莊嚴），這也是一樣的意思。卽是以『福慧』莊嚴道場、人心、國土。」他老欣然的說：「好的！好的！」是故釐定爲「福壽山．般若禪寺」。

寺名取好，相繼請題字，前面說過，那時他老雖逾八十高齡，但福體還很健旺；不過道老有一天曾對我說：「字愈大愈不好寫，尤其是高齡的老人家，須儘快請趙老寫好備用。再者，冬天快到了，現在不寫，等到冷天來到，衣服穿得厚厚的，恐怕手會提不起來了。」所以那次談話中道老亦作如是說：「趁天氣還暖和，可不可以請你老人家先把寺額寫好？」他老欣然應諾。

過了幾天，我再去趙府時，他老用四開黃紙寫好了，拿出來交給我帶回。那「般若禪寺」四個大字，這是我見到他老平日寫的最大的字，每個字有一臺尺五寸見方。在這四個字的上面，又加寫了「福壽山」三個字，每字約五寸見方，眞是寫得很有神韻，看起來旣敦厚又蒼勁；而且令人一見就有古樸而生起歡敬之感；大凡書法自稱一家，學識固然很重要，但德碩猶爲最。拿回來，道老歡喜得不得了，笑哈哈的驚訝地說：「哇！趙老這位老人家的隸書愈大愈好，寫到了化境，眞是沒有話說。寫得好！寫得好！一字值千金，這裏七個字，何止七千金！哈哈，哈哈，太好了！太好了！眞是太好了！」誠然，藝術的尊尚是無價的。又說：「我們看趙老字體的氣勢雄渾，敦敦厚厚，便知道他老人家的身體很健康，六根聰利；惟願三寶加被，給他老人家最少活到如同虛雲老和尚一百二十歲。這樣的老人家久住在世，這是國家的福——人瑞——；也是我們佛教的福，而且是一種莫大的光榮。」後來這七個字的眞跡，一直由我珍藏。

國人皆知炎公的隸書，當今第一。尤其這麼高年了，平日不論什麼地方，很難得見到他老的墨寶。因此，凡是對書法有興趣的人，都想求到他老的眞跡，那怕只有一個字，也是無上光榮，至足珍惜，是故我曾代人向他老人家求請過好些字。

## 七、無一人不得其所

紐約中華佛教會住持妙峯法師，爲了求字，來過好多次信，催得很緊，要我無論如何幫他這個忙。其實他過去在新竹青草湖靈隱寺佛學院擔任教務主任的時候，很年輕、有才華、威儀庠序、行持嚴謹，因此炎公對他的印象一向很深刻，亦極讚歎。那一次，印海法師也要我代印公導師求一副對聯（如今新竹福嚴精舍的講堂正中央，上端供的太虛大師法像兩邊那副對聯便是）。

炎公一向作事非常仔細，寫字的時候，由於高齡，氣力已不足，那怕連落款的小字，倘筆力有一點點沒有送到底的地方，也要好好添補上去，眞是一點也不馬虎。起初一個字一個字寫，並不覺得如何，因那一次要寫的字太多，等到最後寫印公導師那副對聯的時候，他老就感覺相當吃力了。那時天候已不早了，曾三次放下筆來，踱出房門坐在客廳他老九十誕辰祝壽的那把黑色的大沙發上休息，悄然雙手捧頭，有時用手輕輕敲擊頭頂骨及兩邊太陽穴，低垂着頭，好久不見有一點聲音。那次直到天黑好久才寫好，然後他老將筆放下，進入臥室休息去了。自從那次見到寫字這麼辛苦，這麼費力，以後再也不忍心催請炎公爲我寫字了。

我這一生，不知怎麼地，凡是對令我崇敬的長老，或最談得來的人，幾乎近乎一種固執似地，總是歡喜用那麼平實的稱呼去稱呼他。因爲我覺得對炎公稱「公」「老太爺」，當然是古禮的尊稱，但似乎太俗套了些；我是比丘，倒不如依佛制稱呼「老居士」，來得自然、親切、大方些。有一次我特地問他老：「以後我稱呼你老人家爲

『老居士』，好不？」他老說：「好！眞好！這是佛制，我們佛教徒依佛制稱呼，最得體，恰當不過。你看我高年了，還在前面加個「老」字，這是你敬老的美意，怎麼不好呢？太好了！」以後我便一直如此的尊稱着他老，而且炎公也作如是自稱（佛教裏面的禮節和稱呼，男居士梵文稱「優婆塞」，譯成中文爲「近事男」的意思，這個自他咸宜的稱呼，實在太好了。）尤其每次在電話裏，拿起聽筒來，便聽到他老這句慈祥的親切語，至今猶繚繞我耳際，浮泛我心頭。獨步庭院，仰望雲天，不禁傷感湧至，潸然淚下！

## 八、圖報故人舊雨

南投縣埔里鎭位於臺灣本島的中心點，是一個重重叠叠，山巒環抱的大盆地；而且是颱風莫及，得天獨厚的好地方，故有「無風區」之美稱，氣候良好，四季咸宜；尤其家家觀世音，戶戶彌陀佛，又有「無業風區」的雙關義。

埔里是臺灣山區最大的一個鄉鎭，也是土地肥沃，相當富庶的地區，爲臺中往日月潭的必經地。公路平廣（四線道），車班甚多，國光、金龍、金馬、中興號，來往頻繁，擇居斯處，至爲理想。

前面說過，我曾在此地鯉魚潭的山上住過兩年半茅蓬，以此因緣，炎公對埔里優美的地理環境和氣候，不但極爲嚮往，而且他老人家常來信，囑咐就近找一塊公地，以備建紀念祠之需。因爲他老人家過去在大陸有一位莫逆之交，曾作過江西省省長的李協和（烈鈞）先生（因年久名字不復記憶，確實任職年歲亦然。詢諸老人哲嗣佛重居士等，亦未諳，致無從稽考，但近蒙時賢唐樹祥先生函知，曷感），他老曾想於埔里擇地爲他脩建一個協和公祠，以誌永念。並說將來落成後，房子的前進一間作紀念祠，後進一間作佛堂，其餘作住、食處。以後我們與他老便於此平居，禮念修學。爲償炎公這個心願，我曾與史忠居士張羅了好些時候。

當初，我首先請史忠居士去找過他們榮民醫院埔里分院的院長朱進賢先生幫忙，但後來他所找到的是一塊河川地，雖然他說他曾親自向當地二、三老農打聽過，該處從來沒有淹過水，每當山洪暴發，因地勢較高，相去尚遠。不過河川地帶，畢竟是河川地帶，山洪水災只能說以前沒有，未來的一些事，我們就無法逆料了。爲了安全，不敢貿然決定，只好放棄。

後來，我又去找大甲林班埔里辦事處，在我茅蓬的山腳下鯉魚潭畔找到了五、六百坪公地。潭光鏡水，疊翠倒影，漫步、經行，心鏡澄澈，則物我如一。唯斯處須新闢三、四百公尺道路，車輛方可進入。後來炎公來信說：「錢如用於修祠，就不能修馬路；若修馬路，就不夠建房屋。」如此一來，只好停輟。據聞其西歸前一年許，基隆附近山區，有人發心，願供養土地，建築紀念祠，大抵因緣不成熟，亦未償願。然炎公古道熱腸，念舊圖報之心，焉能言喻！

### 九、生活恬簡　事佛誠篤

他老心性愛靜，事佛誠篤，抗戰初期由上海回湖南後，就寓居於南嶽山際，小築平居，無事不下山，事畢遄返。民國六十年冬西歸後，哲嗣佛重居士恭印的《趙炎午先生影集》（郎靜山先生題署），裏面有炎公僧裝及平居禮佛的照片各一幀，卽昔日在南嶽山居朝暮課誦時的生活照片。（見書首第三頁着南傳僧裝照片）

從前高雄佛教堂廣仁法師說：「過去北方蜚聲國際的段祺瑞大元帥，當清廷廢制，民國肇基，大局甫定的時候，他不但是北方安定人心的磐石，亦是促成洪憲廢制，袁世凱和平下臺的一位為國家建立大功大德的無名英雄。渠信佛數十年，虔誠恭敬曷極！然臨終前，悲從心至，垂顧家人戚友曰：『余一生功名富貴備矣！惟一介戎夫，公務倥傯；僧相未現，夙願未酬，憾莫深焉！』」段元帥之德之學，乃至蓋世功動，垂諸史傳，不贅。惟臨命終時，始體悟夙願未酬，而爲嘆息。然炎公住世時，息影處脩，三湘子弟曾數請出山攬轡而婉謝。抗戰期中，僞和平軍汪精衞政府，諳知德不服眾，乃遊說炎公，迭遭岔拒。他老少欲知足，平居禮懺；披僧裝，翹勤讀誦，而自嚴身心，非大智大慧，善根深厚者莫能爲也！

迨民國卅八年播遷來臺，他老一直住在臺北，歷年來，公私應酬頻繁，惟向平之願已了，深感人命在呼吸間，並常以普賢菩薩警世偈：「是日已過，命亦隨減，如少水魚，斯有何樂。懺悔！當勤精進，如救頭然；但念無常，愼勿放逸！」自我警策。故與覓靜處處脩的心願常聞諸于他老。其對緣生法的義理與旨趣，體會得很深，所以心境豁然，不受一法羈絆，總是在看破、放下、自在，暨常樂我淨的理念中，自淨其意，頤養天年。

## 一〇、得識荊州以爲榮

當時輔導會的主任委員趙孟完先生，奉使國外未歸，我自己也遠在南投埔里山上住茅蓬，直到第二年初夏某日，才在臺北市館前街見到趙主任委員。

他是一位言無虛詞，平實可親，寬宏豁達，睿智光輝的政府首長。廿年來所主持的輔導會，其組織的龐大，生產潛力的雄厚，堪稱遠東生產機構之冠；勁旅所至，遠布全球，端爲繁榮社會經濟，鞏固國基的磐石。裕國富民，造福人類，焉可倫比！其夙夜匪懈，爲國劬勞，實乃國家之福，三湘之光。

那次與趙主任委員的談話，他從梨山建寺的因緣及有關諸問題，一直談到我們僧團裏面的生活狀況。其謙光可掬，明快果決，乃至古道熱腸，爲人翦除厄難的風範，永銘心際。辭出時，他還特爲我們去梨山勘察寺址的事，寫了兩封信，向梨山賓館的丁主任及福壽山農場洗場長介紹。

我們赴梨山勘察寺址一行，除道老外，還有廣壎法師、法振法師和張曼濤、張施照寰居士賢伉儷，共計六人，其中道老與張曼濤居士都曾在南嶽山居多年，見到天池附近地形的壯麗，都說和南嶽很相像。登上天池，極目遠矚，白雲蒼狗，氣象萬千，道老曾賦詩以讚之。

炎公晚年一向深居簡出，遠行更是難得。但自醞釀梨山．福壽山農場建寺時起，即萌旅遊梨山之念；民國五十八年冬，因例行避壽，得便親赴實地勘察梨山建寺寺址，翻山越嶺，不辭辛勞，爲法忘軀，樂此不憊。那次他老梨山之行，隨同侍奉左右者，有主任委員孟完先生暨趙聚震居士。暢遊梨山，巡視農場，小住數日，載興歸來。不過他老那次看過的地方，係屬梨山國民學校後面的土地，均爲民耕菓木地，礙難使用。

孟完先生每天公務甚忙，此次專誠侍奉，殊爲難得。當炎公那次從梨山回來後，伺候炎公的李志高先生曾對我說：「主任委員如果出國，或因別的公務不在家，否則每逢星期天，都帶家人來此省候；若奉使歸來，必備國外特產品孝敬老太爺，歡笑一堂，無限溫暖。」

復次，我平日去趙府，時常見到一位神態嫻靜，氣質高雅，說一口臺灣國語的中年婦人，提着一個黃銅色圓形餐盒進出，看樣子，並不是普通客人。據李先生說：「那是聚震先生的太太，他們沒有主任委員那麼忙，故常來省候；但他們夫婦來，多備鮮味佳餚孝敬老太爺，老太爺也分外喜歡他們兩口子。」聚震居士，是一位德如其人，容貌體魄雄健的道德君子；性好靜，不事交遊，忠孝傳家，克勤克儉，榮膺省公路局主任多年。炎公晚年有此洪福，是爲祖上庇蔭，暨自己多生多劫，修福修慧所致也。

## 一一、弧形線上行

盛夏的季節，因逆增上緣，遂萌趁此機會了卻環島行脚（佛教一種修持法門）的夙願。

從臺北松山寺啟程，當時正是中部氣候反常的時節，乍晴乍雨，故乃權宜從事，先乘火車至嘉義民雄站下車，然後徒步進發。經臺南、高雄往返鵝鑾鼻，折回經恒春、高雄、雲林、臺中，沿海線沙鹿、清水行抵臺北；再往新店、坪林，順着山線轉赴宜蘭、羅東而花蓮。

東部民情渾厚，習俗古樸，因境心生，不無浪迹還鄉之感。於斯處得訪故人（永利棣），經介紹小住大禹嶺，據云：「明窗淨几，凉風習習，枝頭嚶嚶，奇花灼灼。環境雅緻，宜於寫作，素食猶爲利便。」由於長途行脚，心湖澄澈，波瀾不興，文思敏銳。既有此殊勝因緣，臨時改變原來行脚旅途——原定續向玉里、臺東、屏東漸次進發，週而復始——乃擬小憩兩週，準備以「弧形線上行」爲題，敍述行脚見聞，以誌紀念。詎料其友人黃先生之尊翁病篤，連夜兼程趕回臺北。因緣差別，故續向臺中行進。

抵達梨山，史忠居士愕然相告：「這麼久的時間沒訊息，您到底到什麼地方去了？趙恒惕老先生暨輔導會的趙主任委員，都在派人找您哩！就是找不到，聽說有特別的事要找法師，明天趕快回臺北吧。」因緣會合，半點由不得人，行脚及此，遂告停輟。

那篇把題目已想好，而一直沒有落筆的拙文，以後小住梨山時，曾着手撰寫近七千字，可惜那份稿子及行脚備忘錄，於六十四年連同行李全部散失，此稿亦片紙無存，事已如此，祇好隨他去了。

說來眞是內疚，那次行脚期中，眞沒想到會累苦了炎公；回到臺北，當晚便趕往北投趙府新宅造訪，爲的是使他老放心。進門時，瞥見炎公在含飴弄孫，共享天倫之樂；驀地見我來到，他老驚喜交加，連忙吩咐老周爲我作麵食，一面詳詢行脚的情形，經我詳細相告後，頷首示意，慰勉備至。

## 二、佛光遍照梨山

炎公說：「幸虧你趕回來了。 總統在一個多月前曾去過梨山，住了好些日子，亦在福壽山別墅住了幾天，這次趙主任委員也跟隨住在梨山；有一天， 總統在戶外納涼，問：『聽說有人要來梨山修建佛寺，怎麼還沒有來？』趙主任委員回答說：『他們很快就會來的。』同時也向 總統請示：『他們來這裏建寺，給他們到什麼地方建比較好?』當時　總統朝左右方向的地形察看了一下，說：『看他們認爲需要修在那裏才好，就讓他們修在那裏好了。』自奉此面諭後，便託人到處打聽你的消息，但連道安法師也說：『不知你到什麼地方去了。』所以我們才設法到處去找你哩！」是嘛！那次行脚前，我沒有告訴任何人，因爲臺灣僧伽行脚的風氣未開，尤其像我如此年齡去行脚千里的，更是稀少，爲恐被師長及道友們所阻，是故守口如瓶，事先沒向任何人提過。

第二天，我去輔導會主任委員辦公室拜訪孟完先生，適値他年終環島視察行將開始，乃將他們視察行程表拿出來給我看，約定於某日，我們一道上梨山。

屆時，仍是我們上一次一道去過的那幾位偕行。那次我們在臺中乘坐下午一點半的金馬號上山，駛至青山隘口涵洞邊時，因前面一輛超載的貨車正好在涵洞入口處不遠的地方拋錨，卡住在裏面，躭誤了好多時間，經搶修後始告通行，我們與他們視察團的車子，也正好在這裏會合。

抵達梨山後，當天晚上，孟完先生盡地主之誼，於梨山賓館設齋款待我們，席間以汽水代酒，相互爲敬。進餐前後及席間，交換好些意見，商討一些問題，盡歡而散。

說來眞是好巧，當我們乘坐的那輛金馬號快要進入梨山車站的時候，我好像感染重感冒似的，忽然發高燒，通身很不舒服。席間飲食絲毫未進，一言未發，不過我始終支持到底；祇是洗耳恭聽，敬陪末座。

## 一三、舌燦蓮花 如瓶瀉水

用齋時，道老並相機向在座的諸位宣說苦、空、無常、無我及諸法因緣生的道理；又介紹唐、宋時代數以千計的第一流思想家、大學問家都虔信佛教，而且都出了家，帝王、大臣也都皈依護持佛教，不但如此，唐宋時代，兩個闢佛不遺餘力的人——韓愈、歐陽修，前者是唐代的大文豪，晚年屈膝于大顛，後者《新唐書》的監修，問道佛印，皈依座下。

雖然在座的二十餘位都是飽學之士，但由於佛法的道理，不在他們知識領域以內；也許有少數的先生們，對這些義理，恐怕還是第一次聽到，因此道老那晚上舌燦蓮花，如瓶瀉水，博得陣陣的掌聲，在座好幾位以讚歎而驚喜的口吻說：「佛教的哲理，原來這麼宏深精湛啊！」接着趙主任委員欣然致答詞說：「今晚聆聽道安法師的敷演、闡述，我們才知道天地間大法興衰隆退的眞實大道理，非常謝謝！」辭出時，趙主任委員還特地派車子從福壽山場本部取來最優品種的雪梨型大蘋菓兩大盒貺贈。

翌晨，因他們視察團的行程都已預先排定，當天上午，孟完先生一行須趕去花蓮西寶農場；瀕行並囑梨山籌建委員會吳執行秘書備車，陪我們到附近地區勘察修建道場的地點。

前面已經提過，眞是奇怪，那晚車子一進梨山鎮，我的體溫就直線上升，燒得通身火炭一般，旣沒有體溫器，又沒有進診所，究竟燒到多少度，也不知道，只是徹夜難眠，通身難過極了。所幸並沒有吃藥打針，凌晨小寐頃刻，頓覺客病全捐，霍然而癒，神智清新，全無疲憊；而且鎭日翻山越野，亦不覺困乏。道老驚歎地說：「不可思議！誠三寶加被，有以致之也！」

## 一四、跋山涉水無覓處

松茂、環山、武陵一帶，因受地形及里程限制，不列入考慮。旋驅車至天巒池山麓，徒步登山，海拔約三千公尺，高處空氣稀薄，據司機說煮飯必須用壓力鍋爲炊。記得那天陽光普照，天高氣爽，攀登至頂，似乎氣溫與梨山鎭上並無多大差距，但是走到樹蔭底下，卽大有「高處不勝寒」之感。平時日照與樹蔭下的溫度差距已經如此之甚，倘天寒歲冷，則無待言矣！

山脊鐵松枯枝遍地，椏枝叢生，日久禿禿，形相殊異，宛似珊瑚，銀光閃閃，酷似電鍍，盡地銀色銀光，美不勝收。這些枝椏，不假人工，備極精巧雅緻，我撿拾了好些，備作餽送紀念物，若陳列室內，必增添美觀。不意攜至山脚停車處，驀然發現銀色歛迹，柴枝龜裂，竟與普通樹枝無異。這纔曉得與標高、氣溫、氣壓具有密切關係。若不是身歷其境，那裏會知道呢？

斯處與比鄰的合歡山相峙，風景殊勝，無可倫比。惟過於高峻，闢路艱危，耗資過巨；尤需考慮到將來常年山居的住眾，可能無法適應。如昔日峨嵋金頂、五臺諸峯，十月雪封，必待來年仲夏解凍，方見人踪鳥迹，可為殷鑒，故予棄捨。

再上天池，斯處別具因緣，原建寺預定地，改築「大觀樓」，且落成多時，因主殿位置另有使用，遂移向後端十里許附近擇地，預計面積不變。

後來孟完先生請炎公轉達意見：「一、此處是國家富源地區，使用面積宜儘量縮小。二、可由福壽山農場負責代為免費培植蘋菓、梨子二、三甲地，直到成長至收成階段，始全部移交寺方接管，俾補貼住眾道糧之不足。三、建築使用之建材可就地取材。四、鋸木機器，可將山下碧綠溪場地全部拆遷來使用。五、運輸工具，請逕與公路局洽商。六、籌款須由寺方自理。」

以上諸項，惟申請土地問題，當時道老的意思希望高瞻遠矚，如數惠予撥贈，以應通盤規劃之需。後來炎公對此事亦極憂慮，每當我去趙府探視時，他老人家總會提及這樁事情，並希望我們也能想出一個折衷辦法來，以期早日促其實現。

## 一五、佛教叢林規模

佛教叢林建築，淵源於印度。例如佛住世時的祇園、竹林精舍等，都是足以容納數千眾的伽藍。要不然，常隨世尊左右僅僅已證大阿羅漢的弟子就有一千二百五十位之多，這麼一個偌大僧團，就無法安置得下。以後大唐玄奘大師去印度留學的那爛陀寺，據玄奘大師撰的《大唐西域記》暨其門人慧立法師撰的《大慈恩寺玄奘法師傳》上所載，經常逾萬僧眾隨學，以此衡量，當知其龐大。關於該寺址的面積，現任文化大學佛教文化研究所所長曉雲法師，曾將其瞻禮那爛陀寺遺址所作的畫稿出示，並相告：「如今該處雖只剩下斷垣殘壁，甚或只留下模糊基陛，但那一遍幅員遼濶的寺址，極目遠眺，可十餘公里。

復次，詢及畫面上標出的那二三十個小黑點，據嚮導介紹說：『這是用來表示往昔土築的小寶塔，那爛陀寺周匝圍繞這麼多的小寶塔，乃是你們中國大唐時代玄奘三藏在此留學時，舌戰羣雄，每當獲勝一次，那爛陀寺便替他修一個這樣子小寶塔作爲永恒紀念。由於年湮代遠，如今只留下一個個小小土堆，供人緬懷憑弔而已！玄奘在我們印度留學十多年，歷經一百一十國，每次辯論，所向無敵，從未敗北，且曾被極一時之盛的戒日等十八國國王尊爲國師，備受極爲崇高之禮遇，當時也震憾了整個古印度，眞可說是千秋傳絕學！且是集佛學家、哲學家、文學家、辯論家、翻譯家、旅行家、語言家，乃至心理學家於大成的大唐高僧。』」

復次，魏撫軍府司馬楊衒之，于後魏太和年間，撰著之《洛陽伽藍記》文中第一篇，暨《大正藏》目錄部二第五十一頁貞元新定釋教目錄第九，卽載：所謂洛陽佛寺甲天下，偌大寺院千計，首刹永寧寺，其雄偉壯麗，有逾阿房，肅穆莊嚴，歎爲觀止！

此寺本孝明帝熙平元年靈太后胡氏所立。在宮前閶闔門南御道之東，中有九層浮圖，架水爲之；舉高九十餘丈，上有金刹復高十丈，出地千尺，去臺百里，已遙見之。

初營基日，掘至黃泉，獲金像三十二軀，太后以爲嘉瑞，奉信法之徵也。是以飾制瓌奇，窮世華美，刹表置金寶瓶，容二十五斛，承露金盤一十一重鐵鎖角張，槃及鑠上，皆有金鐸，如一石甕，九級諸角，皆懸大鐸，上下凡有一百三十枚，其塔四面、九間、六窗、三戶，皆朱漆扉扇，垂諸金鈴，層有五千四百枚，復施金鐸鋪首，佛事精妙，殫土木之工，繡柱金鋪，驚駭心目；高風永夜，鈴鐸和鳴，鏗鏘之音，聞十餘里。

北有正殿，形擬太極，中諸像設金玉珠繡，作工巧綺，冠絕當世。僧房周接，千有餘間；臺觀星羅，參差間出，彤飾朱紫，繢以丹青；括栢楨松，異草叢集。院臺周匝，皆施椽瓦；正南三門，樓開三道三重，去地二百餘尺，狀若天門；赫奕華麗；夾門列四力士、四師子，飾以金玉，莊嚴煥爛。東西兩門，例皆如此，所可異者，唯樓兩重，北門通道，俠路而置；其四門外，樹以青槐，亘以淥水；京師行旅，多庇其下，路斷飛塵，不由淹雲之潤，清風送涼，豈藉合歡之發。乃詔中書舍人常景製寺碑文，故云：「須彌寶殿，兜率淨宮，莫尚於斯是也。」外國所獻經像，皆在此寺。

寺既初成，明帝及太后共登浮圖，視宮中如掌內，下臨雲雨，上天清朗，以見宮中事故，禁人不聽登之。

時有西域沙門菩提達摩者，波斯國人也。越自西域來遊洛京，見金盤炫日，光照雲表；寶鐸含風，響出天外。歌詠讚嘆，疑是神工。自云年一百五十歲，歷涉諸國，靡不周遍；如此寺精廬，閻浮所無也，訖佛境界亦無有比；口唱南無，合掌連日。

永熙三年二月，爲天所震，帝登凌雲臺望火。遣南陽王寶炬錄尙書孫稚，將羽林一千人來救，於斯時也，雷雨晦冥，霰雪交注，第八級中，平旦火起，有二道人，不忍焚燼，投火而死。其焰相續，經餘三月，入地刹柱，乃至周年，猶有煙氣。

又復次，蜚聲古今的大唐玄奘大師譯場——京畿宏福寺，當時京中稱爲首刹大慈恩寺，如《玄奘大師傳》卷七（第一二八頁、一三二頁。玄奘法藏編纂委員會，民國六十五年國慶日出版）云：「瞻星揆地，像天闕，倣給園，窮班倕巧藝，盡衡霍良木，文石梓桂，櫞樟栟櫚先其材，珠玉丹青，堊金翠備其飾，而重樓複殿，雲閣洞房，凡十餘院，總一千八百九十七間。別造翻經院，虹梁藻井，丹青雲氣，瓊礎銅沓，金環華鋪，並加珠麗，令法師移就翻譯。」

又長安西明寺，如《玄奘大師傳》卷十（一八七頁）云：「其寺大殿面積一百五十六武（《國語・周語》：半步曰武。），整個建築，計十餘院，三千八百餘間。周圍數公里，左右通衢，腹背廛落，青槐列其外，淥水亘其間，亹亹耽耽，都邑仁祠，此爲最也。而廊殿樓臺，飛驚接漢，金鋪藻棵，眩目暉霞。凡有十院，屋四千餘間；莊嚴之盛，雖梁之同泰，魏之永寧，所不能及也。」

玉華寺，爲玉華宮改建，規模亦壯麗宏偉。

再者，大陸四大名山，乃至寧波天童、育王，福建鼓山湧泉寺，江蘇金山、高明、寶華，安徽九華，江西雲居，黃梅寶林，韶關南華，北平法雨寺，以及雲南的鷄足山，青海瓦兒寺等，都是能容數千僧眾以上的名剎古寺的大叢林。

環顧大陸叢林，備有下列各項建築：主殿——大雄寶殿（法王殿），陪殿——四大天王、彌勒、藥師、觀音、地藏、文殊、普賢、韋馱殿、塔院、藏經樓（圖書館）、丈室（方丈寮）、退居寮、禪堂（佛學院）、念佛堂、執事、清眾寮（上客堂）、齋堂、大寮（厨房）、頤養院、如意寮（診所）、放生池、蘭若。以此觀之，僅以法王殿一殿而言，可容千千萬萬住眾早晚課誦、繞佛、拜佛，其殿內空間面積，須以數千坪計。卽使濃縮亦非百甲以上的土地莫辦。

尤其古典宮殿式的建築，其格局與今日之國民住宅、新村、社區、大廈之類的規格及款式迥異。例如每座巍峨佛殿前面的廣場空曠處，最起碼要延伸到照相機能攝入全景的投影點爲最低的極限。主殿前面的空曠處，最好能有其數倍大，方爲理想。倘若眞的一切按叢林式道場，照理說，這四十甲土地，僅只是第一期工程用地而已。

當然，今天在臺灣要想動用百、千甲的公地，作爲建築一個偌大的佛教道場，事實上確有不易克服的困難。我們曾爲此事，研商過多時，道老後來很想能同趙主任委員再見一次面，以便溝通雙方的意見。我也曾撥過幾次電話到趙主任委員的公館，只是緣慳，那一段期間，他也眞是席不暇暖，不是奉使友邦，就是環島視察於旅途中，或其他公出。

後來，道老於民國六十三年歡迎越南總理陳善謙居士（陳氏奉使在華期間，其伉儷於民國五十八年率該大使館武官夫婦，宴請道安老法師，並受三皈依。）來訪問時，曾邂逅孟完先生於松山機場。孟完先生仍極關切此事，並希望派人儘速去梨山積極展開籌建佛寺工作。

迨至民國六十四年冬，炎公生西三周年，暨墓誌銘碑安置落成，於臺北新店五城安坑墓地，偕大乘文化出版社張曼濤居士伉儷，參加他們家屬的祭祀時，我還見到了趙主任委員，他亦特別提及這件事情，經予說明中途停輟而去日月潭玄奘寺的緣由。

## 一六、名山得主　佛日增輝

我們從梨山到日月潭玄奘寺以後，這些年來，炎公對匡扶佛教，護法玄奘大師道場，乃至澤惠眾生，以及我們自己慘淡經營的經過情形，縷述如下：

炎公這位老人家，是一位——無分別心菩薩——心靈潔似白紙，看什麼人都是菩薩，都是佛；尤其對教內，有求必應。

玄奘寺的創建， 總統及炎公是最大助緣，也是無可倫比的外護，故他二老對玄奘寺的興衰，寄予最大的關切和支持。當玄奘寺首任住持太倉老和尚圓寂行將兩年時，炎公曾一度談及住持人選尚付闕如，急待遴聘的問題。其悲心彌篤，深感玄奘寺爲聖僧玄奘大師的道場，是唯一具有國家代表性的寺院，住持人選，必須特別愼重才是。但究竟以那一位長老繼任，最爲理想，一直猶豫未決，曾蒙垂詢，我答曰：

「道老接任善導寺住持已久，分身乏術。道源老法師則已年邁，自卸任中國佛教會理事長以後，於印度朝聖歸來，即杜門潛修，除偶爾應請外出講經弘法外，竭力廻避，不問外事。南亭老法師道體稍弱，恐難勝任。印順老法師，久已摒除外緣，遠遯嘉義鄉間，閉關著述，致力於教義闡揚。東初老法師深居簡出，亦復志在著述。中國佛教會理事長白聖老法師，雖然連任十多年，但卻遠託異國，有時一兩年才能回來一次，恐無法專心斯職。仁俊法師專攻教理，不事僧職。演培法師自卸善導寺住持後，仍執教鞭，精究教理。以上諸大德，當然都是最理想人選，但他們都不會出山的，最好還是等一個時期。」

那時演培法師適值參加臺中市慈明寺傳戒，我亦在臺中郊外的太平鄉坪林山住茅蓬，相距匪遙，時去戒壇；我與道老一再勸駕，最後道老又請李子寬老居士出來禮請，至誠可感。李子老時年八十有奇，執弟子之禮，披衣拈具禮座，跪地不起的請求，演師始應允。當時他也即時聘請臺中慈明寺霧峰萬佛寺一身兼二寺的住持聖印法師（他的學生）擔任玄奘寺的監院，藉資輔佐。

聽說，事後印公導師對演師去玄奘寺履新的這件事，曾經再三鄭重曉示：「如果打定主意，決心出掌玄奘寺，則務須注意，如果想擴建籌款，你得守住玄奘寺不動，各方捐款才能來。再者，去到玄奘寺的中心工作是創辦僧教育，以期光輝佛教，發揚玄奘大師的精神。如果不能實踐以上所說，宜考慮在先。」

演培法師晉山典禮，是炎公與道老二人出面發起，中央五院院長、部長、臺灣省主席都送匾祝賀，此種殊榮，可稱爲本省教界創舉。不過，他當時確有伏櫪長嘶的氣慨，有一展新猷的抱負，辦好僧教育的大行大願，和普渡眾生的悲心，應是名山得主，佛日增輝的殊勝因緣。

迨晉山不久，我於臺北慧日講堂邂逅演培法師，夜話對坐案檯，從如何發展整個玄奘寺，暨剏辦僧教育的事情談起；並涉及到物色師資和教制、教程，乃至教育行政上這一系列中的諸般問題。其爲法門龍象，而下詢葑菲，故不敢隱。一席夜話，詳諸炎公；歡忭稱慶，深寄期望。

## 一七、新希望終成泡影

嗟吁！晉山未及兼旬，望風馳命者眾，炎公亦極力支持，惜乎特殊因緣未偕，致演師滿腔熱忱、計畫、抱負、行願，均化為烏有！形單影隻，壯志難酬。吁！大江東去，永不回頭，乃遠涉星島，落地生根，另創靈峯般若講堂於斯處，廣收徒眾，極一時之盛。前程燦爛於一時之玄奘寺，曇花一現，羣龍無首，其住眾星散的厄運，又告面臨！

翌年秋，某日，我仍掛單慧日講堂，演培法師突由星加坡歸來，夜晚敍談中，告以：「此來要向玄奘寺董事會辭掉玄奘寺住持職務。」聞者異口同聲地說：「演師啊！你剛去玄奘寺沒一兩天，就說要辭職，這樣不好罷？」談了一陣子，最後要我無論如何幫忙他，並說：「明天我們一道去趙老那裏，並代為說項，以便辭卸玄奘寺住持一職。」

當時我懇切勸他，奈人微言輕，演師去意依舊堅決。既然如此，那我也就只好答應他了。

老回家。

## 一八、演師的倦勤

午睡後，雇車同去北投趙府。到達時，正好在我們前面疾駛的那輛黑色轎車，停靠在我們車子的前面。原來炎公也剛從臺北參加總統府例會畢，孟完先生派車護送他老回家。

我與演培法師先下車，炎公相繼下車。當時其只注意到我，頷首示意，但沒有看見站在我背後的，原來是由於人謀不臧，離開玄奘寺久去南洋，猶爲他老朝暮盼望，而甫返國門的演培法師，如今來到了他老人家的身邊。經我說明，炎公定神注視，歡喜得猛然一驚；演師情不自禁地趕緊上前去攙扶，並跟隨進入客廳。

當時，他老發自肺腑的那種歡喜、踴躍、興奮已極的心情，只有目睹者才能體會，其興高采烈，喋喋地說：「演培法師啊！你今天怎麼回來了呀？這些日子，無異大旱望雲霓，我眞爲玄奘寺而憂呀！如今回來了，那實在太好了！太好了！哈哈，哈哈！將來我們玄奘寺要如何、如何……眞好極了！眞好極了！我有一個不成熟的構想，以後慢慢來同你詳詳細細談。」

入座後，炎公一直喜笑顏開，歡天喜地的一面打哈哈，一面從陰丹士林布長袍上罩的黑馬褂口袋裏，掏出白手帕來揩拭臉上剛才高興得淌出來的點點熱淚，朗朗的對演師說：「將來辦佛學院，我們設法找一點錢來修教室和學生寮，好讓有志學佛的大專學生也得償心願。我看我們的佛學院命名『慈恩學院』較爲妥當，以後再請你先擬一個計畫書出來。」

鎭日惦念久別未歸的日月潭玄奘寺住持，今天來到了，炎公眞是海濶天空，興緻淋漓，無異見到了玄奘寺的錦繡前程和綺麗的遠景，並被他老那思想領域上掠過的愉快旋風，帶來了難以停憩的思潮和樂觀而忘記了一切；也鼓舞了他老的心神，凭添一簇新希望。事後，炊事老周對我說：「我跟老太爺這麼多年，從來沒有看到他老人家這麼高興過，今天老太爺眞是天大的高興啊！」

演師當時目睹炎公這種完全出乎他意料以外的歡喜情景，和那麼深厚、高貴的情誼，叫他如何好啟口把「辭職」兩個字說出來呢?此一時，彼一時，他處在這種相當維艱的局面和極度尖銳、矛盾、對立狀態的心情下，頃刻紛紜，那也實在是頗爲難爲了他的。只是演師坐在他老的身邊，一時神色受天性呼喚而失常似的，像這樣的光景，當然也是令人難以想像得到的。然他似乎在另一股看不見的而又莫名力量的驅使、呵護下，依然堅定了他的辭意。

聞聽之餘，炎公備極驚愕地說：「唉！你怎麼說出這樣的話來了呢？『辭職』！不行！不行！萬萬不行！」此刻的熱淚在截然兩樣的情緒中，從悲戚的情懷裏又湧了出來，聲音、嘴唇、雙手也都微微地打起哆嗦來！像這麼高齡了，怎麼還操得了這麼大的心呢？然他老人家的希望和理想，只有一個——發揚玄奘大師精神，願爲一切眾生受苦。

接着又說：「演培法師啊！你應秉你當初的菩薩心腸，發心到底，繼先聖先賢的大行大願，而獻身玄奘寺。再者，今日徬徨無所寄的僧青年，乏人領導，他們是佛教的新血輪，也是未來法門的中流砥柱，教城的生力軍，這些都是根本不容我們忽視而赤裸裸的擺在我們每個人面前的嚴重問題，和無可旁貸的責任。演培法師啊！我們大家齊來爲大師的精神，爲這羣僧青年的前途，也就是爲法門增添龍象，爲我佛續慧命而努力，難道你能率然撇下就走嗎？所以，好好休息幾天再回山上去，有什麼問題，我一定會幫忙你的。」

他老的慈悲心眞了不得，接着又說：「我們玄奘寺開辦佛學院，是爲當務之急；僧青年全仗你來領導，佛教也要你們來拓興，整個安危無異繫于你一身，大功大德，端爲諸佛護念，眾生歡喜，演培法師呀！你走不得！萬萬走不得！

復次，以後我們辦佛學院，剛才我在前面略提了一下，請你儘速寫一個三段——

近程、中程、遠程——計畫，提供董事會研商與實施，以期克期完成。經費我們設法籌措，必要時，我會設法以直截了當的辦法辦理。總之，這件事情我一定把它作成功，你好好安下心來，今後無論如何不要再提辭職了。」

演師雖然聆聽了他老這番非常懇切的勸勉語，但並沒有打消辭職的意念，然我們這位寬容、敦厚、渾樸的老人家當以爲眞，依舊至誠懇切透了的對演師說：「如果星加坡政府有什麼問題，我可以要我們外交部循外交途徑，向彼方政府交涉，請他們惠予方便，逾格頒發一張特別護照給你，以後你便通行無阻，隨時隨地可以回來。至於國內如果有什麼事情，那也好辦。總之，只要你打消辭意，今後玄奘寺的什麼事情，如果需要我幫忙的地方，你儘管對我說，我都會辦的。」唉！他老爲了想慰留演師到玄奘寺，不要去南洋，肝膽相照，苦口婆心，什麼樣子的好話都說盡了。前面剛說過，只是演師依然故我。

演師與他老這一連串踰越正常情理的冗長辯論，很容易惹起人的氣惱，然而炎公始終沒有出現半句憤懣的言語，也沒有顯露絲毫悻悻然的神態。處在這種情況下而能不動無明——瞋恚心，很難、很難！君子之風，足以爲況！

連同閏年閏月算起來，當時他老的年紀將近百歲了，凡是年事已長的，尤其是這麼高齡的老人家，宛如一盞將盡的油燈，隨時都有不測的情況發生，假使那次有個三長兩短，這個後果與責任，究竟誰負？演培法師可能當時只顧到「辭職」，而沒有想到他自己冒了一次莫大的危險。雖然那次他老平安無事，但我也眞爲演培法師揑了一把冷汗。所以沒有出事，確實是諸佛護念，三寶加被之所致。然其這樣宏廓、豁達的胸襟，乃至高度宗教情操的內涵來看，更使我們體認到他老人家平凡中的不平凡了。

走出趙府的大門，去北投法藏寺的一路上，演師詰責我沒有從旁進言，促成其辭職。我據實的告訴他：「剛才看到這麼高齡的炎公爲佛教、爲光大大師精神的那種感人肺腑的眞情，和他那頃刻間兩種極端的神態，我受到內心嚴厲的呵責，難過得使我說不出話來。老實說，到現在我心裏還是很難過的，絕非存心失信。」

回到慧日講堂，演師還向我說：「怎麼辦？專程回來辦這樁事……非辭不可！是不是明天請你單獨一個人再去趙老家裏一趟，解說我的決心。」說走就走，實在有點說不過去，把我夾在中間，還有什麼可說的？

既非辭不可，那我也只好對他說：「今天下午我們在趙府所親聞目睹的情形，使我沒有那種勇氣再去向他老人家說什麼了；你如一定非辭不可，那你現在（晚上十點半）撥電話給張曼濤居士，請他爲你去趙府一趟。」第二天，就由張居士代演培法師再去請辭，經他一番說辭後，炎公終於在極度沉重的心情下勉強應允。然演師他究竟什麼緣故要如此堅持，誓必辭退呢？諒必他有其不得已的苦衷吧！

## 一九、水到渠成　龍天托出

民國五十九年仲夏，日月潭環湖公路尚未修通。某日，總統　蔣公泛舟經玄光寺，蒞臨玄奘寺。當步上大殿前面臺階時，即止步不前，朝大殿正面上下打量一番，似有慨嘆。

總統回到臺北，撥電話給炎公：「我去玄奘寺多次，怎麼都見不到那裏的住持和僧眾？」炎公接奉電話，心裏很難過而且着急。當即于電話中應邀，即坐計程車去北投他老家中，有緊要的事談一談，但沒說明是什麼事情。像這樣急如星火的電話，這還是第一次。

有異尋常，趙府大門洞開，侍候人李志高先生心情似乎也有點沉重的佇立在客廳門外廊簷下迎待。見我去了，一聲不響，把客廳的門推開。我進門時，炎公靠在門邊九十大壽祝壽用的那把黑色沙發上閉目養神，我照例坐在門口緊靠其右邊的那張長沙發的盡端，見我到了，他老臉上沒有表情，只是停住了好一下，低聲告訴我：「剛才總統來電話說：『到玄奘寺幾次，都不見裏面的住持和住眾。』這怎麼辦？特請你來商量一下。」接着又說：「你看演培法師晉山只幾天，便遠涉南洋，而一去不復返。一寺之主，終年見不到他的人，實是要不得！上次我那麼懇切的慰留，可是他破釜沉舟，非辭不可。要是上次回來後不再去星加坡那裏還會出這些事呢？事已如此，你們還是先去日月潭玄奘寺吧！現在請先回去與道安法師商量一下，但先要同他說明，他千萬不能推辭，縱使勉爲其難，也要爲護持玄奘大師的道場而發心。」

當時他老的神態似乎有點不安的樣子，說完卽閉目不語，精神也好像委靡了些，靠在椅上休息了。

這麼高齡的老人，挑如此沉重的擔子，怎麼可以呢？想到這裏，我連忙說：「我馬上回松山寺山先去與道老商量。」但聽我這樣說，喜出望外，吩咐老周叫計程車送我。他老總以恭敬三寶的禮儀送我上車，並一再吋囑：「請道安法師無論如何勉爲其難，一定要去接任呀！」我坐在計程車上忖度：「他老風燭之年，爲此事操心，不眠不休，爲教劬勞。我等厠身僧列，愧疚曷極！」

炎公極爲不寧，要趕快回消息，以釋惦念。我回到松山寺與道老談過後，立卽以電話相告：「道老答應近日先去玄奘寺看看，再回消息；今、明兩天有事，可能後天去。」一聽到這麼好的消息，如釋重負，當時在電話中興緻盎然的說：「謝謝你！好的！好的！等到你們從日月潭回來後，請撥一個電話過來。」

## 二〇、國之瑰寶仰英模

第三天是一年一度的端陽佳節，沿俗例，寺院常住要打齋供眾過節，住持也要領眾拈香上供。午齋後，道老和我即雇計程車赴日月潭玄奘寺，同行的尚有某師，共三位。下午抵達，先向教師會館訂妥房間，泛舟至玄奘寺。在大殿拜過佛，因常住只有一個工友在大殿照顧香火，寥無僧眾，分身乏術，不能嚮導。我們自己登上三樓，瞻禮大師靈骨後，凭欄遠眺，潭光山色，朗然澄澈，能所雙忘，物我爲一。

參觀了二、三樓，回到大殿，道老肅立在玄奘大師像前啟請：「玄奘大師慈悲！今天我們特從臺北趕到這裏來，爲的是來護你老人家的法。要請大師慈悲加護。」順手拈一支籤，籤文說得還吉祥。

巡視環境一周，並上後山頂端，參觀建塔工程，斯時修建將近尾聲，可惜格局很小，太不够氣派，而且塔身漏設窗戶。當時道老站在遠處，定神朝塔打量了一下，嘆說：「修廟建塔，這是和尚分內的事，事先也不虛心打聽一下，尤其像這種國家代表性的塔——慈恩塔，卻把它修成這個樣子，可惜！可惜！若與往昔長安、洛陽、北平、江浙乃至南嶽、九華、江陵等處諸大塔院相較，那就相形見拙得太多了！」聽說不久 總統蒞臨時亦曾發覺，卽命鑿洞開窗。道老臨塔遠矚，吟詩誌感：

「萬山簇擁一塔孤，雲影潭光勝鏡湖；首度登臨瞻勝跡，國之瓌寶仰英模。」（「國之瓌寶」，乃總統 蔣公親題，讚玄奘大師之紀念匾額。）

「一塔臨霄壤，羣山皆拱拜；煙霧襯彩虹，潭廣容萬派。」

「塔峙喝風雲，萬壑兢流處；千古大唐僧，威名曾鵬翥。」

當時日月潭的環湖公路修建工程，限定尅期完成，是故進度很快，距玄奘寺前端牌樓僅一公里許，指日卽可完竣。

## 二一、明潭夜話銘記

晚上，我們三人在日月潭教師會館又談了很久，因道老目睹玄奘寺凋零、冷落的景色，乃爲大師道場，感慨萬千。談話中，道老特別說：「炎公他老人家這樣擁護三寶，捍衞佛教的大行、大願，實在太令人感動了！以後我們出家人更要好好爲玄奘寺努力、發心，以符雅望。雖然看到了玄奘寺的這些情形，但公路很快就會修通，玄奘寺以後便完全不一樣了；而且現已略具規模，與梨山相較，當然玄奘寺的條件，殊勝的太多了，而去梨山，完全是拓荒。況且，這兩處都是 總統與炎公都很歡喜的地方，上面也說過，他二老無異是此二處的大護法；尤其趙老與老先生的私交又那麼好，以後倘有什麼事，只要向趙老說一下就行。所以以後無論去梨山或玄奘寺，只要我們自己爭氣，有這麼好的條件，將來就可爲佛教作一點事；既然趙老要我們來這裏，我們就暫時停止梨山建寺的籌備工作，來此致力於擴建，發揚玄奘大師精神爲己任了。」

又說：「首先我們要作個肯定，因爲發揚大師精神，這是我們三人將來來玄奘寺的中心目標；擴建玄奘寺，是我們三人工作實踐的大前提，但這都要全使我們三人，乃至全寺住眾充分發揮團結合作精神與力量——創造，才能完成的任務和使命。基於以上所說，則玄奘大師的精神才更能發『光』、發『熱』，普照寰宇，這個工作是艱鉅的，是要付出血汗和竭盡智慧的。

玄奘寺雖初具規模，但以整個擴建構想來說，只是向全程邁出了第一步而已，也可說仍在開山的階段。因此，今後來到玄奘寺的每位住眾，都必須具備歷代開山祖師們那種千山萬水，茹苦含辛的毅力、決心和勇氣，並且要以地藏菩薩的『我不入地獄，誰入地獄』的大無畏精神，奮鬪到底。如此，才堪擔當大任，今晚我們三人要記住：來玄奘寺的大前提和目標，並誓志以我們自己的靈骨擺到玄奘寺的精神與決心來開創玄奘寺，盡形壽為玄奘寺服務奮鬪到底。」

當時我與某某法師都表示願意追隨效力，因而這也是我那時進入玄奘寺，即將初出家的法名「廣忠」改為「光中」以示決心的緣起。不過，翌晨起床後，我與某法師同在教師會館門前的空曠草坪上散步，他不知在想什麼，驀然提出「異議」，好不令人訝然。關於那次臨動身時，我堅意要他同行，後來道老曾埋怨過我。

## 二三、衆志成城事非假

那晚，道老還同我們磋商晉山的期間與諸準備事項，及以後玄奘寺住衆的服務、制度等問題。復次，晉山後即成立玄奘寺的「萬年簿」（寺中大事記要），並特別強調以後我們玄奘寺只可住三種人——看教、參禪（包括一切修行法門）、僧職。如果既不能看教，也不能安於修行，又不願發心為常住作點事，則為養閑之輩（第四種人），不予共住。當然，具特殊原因的，則為例外。

道老把話說完之後，並又高興的對我們說：「將來我們玄奘寺的擴建經費，化小緣那是來不及的；從前臺中大雪山林班處長羅健先生答應過我，將來修寺院的木材由他贈送。

將來還要請趙老出面，以玄奘寺董事會的名義，請臺灣省主席黃達雲先生發動爲建設本寺募款，要他向大同公司替我們化緣，由他公司出鋼筋。唐榮鐵工廠亦然，嘉興、臺泥出水泥；再找幾家銀行、信用合作社以及裕隆、國泰、新光等企業機構捐助。另發動華僑鉅子捐輸，因爲趙老說過，將來集款是不會有什麼問題的。」

他老由於道老已允諾接任玄奘寺下屆（第三任）住持一職的事，眞是使得他老人家用無窮的希望，暨虔誠恭敬的心意，把玄奘寺的前途點綴得花團錦簇，歡喜踴躍的思想，預支着將來的快樂，便請李子寬老居士召開董事會決議，並賚送聘書。復呈報 總統：「本會敦聘道安法師爲玄奘寺第三任住持。」李子老立即另函玄奘寺前任監院聖印法師著卽辦理交接手續。（附錄照片）

自此以後，我爲日月潭玄奘寺的一切事情而去北投趙府新址的機會，可說已不勝枚舉了。有時甚至一天去打擾好幾趟，有時整天都逗留在那裏。雖然時常去打擾他老，所謂：「勇猛心易發，長遠心難行。」但他老人家不但不感厭煩，而且只要一聽到玄奘寺的事有什麼問題，不是立卽撥電話、寫信，就是閉目冥索、思量，從來沒有推卸稽延，總是處處在為玄奘寺着想，默默的耕耘，深深地寄以無比的期望。

## 二三、登高一呼　望風馳命

玄奘寺的背景是玄奘大師，由於大師這種亘古未有的歷史背景的光輝與榮耀，這是任何宗教所望塵莫及，無可倫比的。昔日總統　蔣公特為我們這位蜚聲中外，照徹古今的民族聖哲，中華國魂的奘公大師，親題「國之瓌寶」以讚之，並命臺灣省政府修建寺塔供奉，復親自勘察寺址及釐定方位。所以它無異為國家性的寺院，同時亦是出類拔萃的一座伽藍（佛寺）。

溯自開山以來，寒暑數更，眼看着一位有理想、有抱負、有膽識，而德碩道隆，慈悲難量的道安法師入主，四眾弟子，莫不為佛教未來的蓬勃向榮而歡欣鼓舞。這無疑是發揚玄奘大師精神暨作育僧才最有力的支持和佐證，況道老是信眾普遍擁戴的法將。其出任日月潭玄奘寺第三任住持的消息傳出後，佛教在這濃馥的新希望、新理想的籠罩下，僧團裏也掀起了一股欣喜、歡呼的浪潮，好多位大德，都願為發揚玄奘大師精神暨光大佛教而追隨道老法座之下，期能各盡一己之力，以奉獻於大師為榮。當時大家都認為這是我們共同的理想與目標，也是我們一致的任務和宗旨。

道老受聘後，即物色執事，並以儘量取用青年爲開創的先決條件。斯時菲律賓普賢中學校長唯慈法師回國渡假，道老譽他爲青年的舍利弗（佛陀的智慧第一大弟子——聰明黠慧，能力卓越，辯才無礙，化度無量。）乃請他出任玄奘寺的副住持。唯師不但欣然允諾，而且表示：「能爲玄奘大師道場效勞，至爲榮幸。」隨後經常來松山寺丈室與道老策劃有關未來玄奘寺的大計——行政、教育、法務諸事項。這些事道老都曾將它逐一作成了備忘錄。

有一次，道老同我談到未來玄奘寺的監院人選的問題，就今日臺灣區域佛教的實際情況來說，這個人選非常重要。我首先婉轉的將我自己的心意表明：「從前我在慧日講堂掛單時，民國五十二年首任住持印公導師三年屆滿退居，當時他老人家慈悲，堅意要我任監院，自愧不學無術，無以爲報，不敢應命；後來導師給我出了一道難題：『你如果找到了代替人，方可偏安。』後來我就推薦了如今在松山寺作當家的廣善法師，到那裏去作當家師。回憶我尚未出家前，對『名』『利』二字，看得很淡，是故出家以後，不作僧職。不過，如今因爲臺北方面的人事我比較熟悉，這些籌備的事情，我來負責好了。」事實上，那時也只有我是一個沒有用的閑人。我又表示：「晉山後仍不願擔任執事。」當時我的意思和看法，以爲這樣機動性比較大，而不受限制，隨時隨地可以支援丈室、監院、知客、書記及各寮的業務，實際上也是爲常住多做點事情的好辦法。當時道老欣然納受。

## 二四、玄奘寺人事陣容

繼而，又商量玄奘寺監院，聘請性梵法師擔任。副監院設有兩位，由廣善、智諭二位法師負責。廣壎法師任維那。法振、祥雲、理性（越南僑僧）、宏明、普獻任副知客。惟知客人選，道老非常愼重，一直沒作肯定。不數日，獅頭山元光寺的住持梵師奉函禮謁，道老告以懇邀的誠意，梵師立卽表示，遵命追隨。當時，道老卽派甫自竹東五指山下來，正閒住樹林光明寺，他新近出家，剛出戒壇的高足××師暫代監院職務，並先駐入玄奘寺。

後來道老又懇邀南投竹山德山寺幻生法師、彰化田中鼓山寺普行法師來玄奘寺共襄盛擧，均爲應諾。普師並應召相隨來玄奘寺，與道老盤桓永夜。他們這兩位法師，多年來都是深受竹山德山寺、田中鼓山寺常住的優厚禮遇，而且都是深入經藏，行解卓著的大德，渠等獲悉玄奘寺道場，爾後爲發揚玄奘大師精神，培育青年僧爲主旨，因而欣然應召，尤願同甘共苦。其悲心宏願，不但令人挹遲，更表現了佛教的共同一致的心理。道老未雨綢繆，部署玄奘寺的人事，原定當他晉山後卽將實施的，這個人事陣容相當理想、堅強。我告知炎公，倍加稱許讚歎，怡悅心懷。

## 二五、辦大學是爲當務之急

道老計畫：一俟晉山後，卽請汪少倫立委暨蕭春溥、程文熙、張曼濤等居士籌辦玄奘大學，並請趙老覲見 總統，報告此一消息，面請准予備案。而且請董事會準備發動籌款，這些公文案牘，道老後來悉交秘書黃景岳先生承辦。迨道老晉山不久，汪委員和蕭居士二位曾特爲此事，先後來玄奘寺勘察地形，小住數日，瞭解實際的情況。惜乎！玄奘寺的地理環境欠佳，將來補給、採購，乃至教授們那筆相當可觀的往返交通費，都是很難克服的大問題。不過後來又有人建議到臺北郊外或臺中、高雄乃至新竹、桃園一帶覓地建校亦可。

蒭議期中，張曼濤居士那時尙執敎於日本京都大東文化大學東洋研究所博士班未歸。斯時鑒於創辦玄奘大學乃急不容緩，任重道遠之事，於是數函力催，敦促回國，輔助此剏建大業。

醞釀建校期中，基隆一位居士，於病危中授命家人，將其所有位於基隆港口之和平島整個土地，悉數供奉佛教，以酬夙願，且指定爲創辦玄奘大學之用。斯時蕭春溥居士，謹備書面創辦玄奘大學理由一份，經引見，請示於炎公，承咐囑即日前往洽辦。該居士（地主）擁戴教城，興學建校，嘉惠莘莘學子之精神與大行，博得社會人士讚歎，一時傳爲佳話！當其土地所有權狀過戶手續經法院公證完畢，所作皆辦，一切成就之當天下午，該居士由於志已酬，願已遂，乃含笑捨報，長辭塵世。其功德難倫，得大受用。

有一次，蕭春溥居士備車，請我們去和平島上實地察看，炎公亦有意去瞻視一番，但那幾天精神疲憊，未克前往。那裏地方確實很大，但又聽說「寒冬風大，且有飛沙。」島上軍眷尤多，收回後，這筆遣散遷移費，太可觀了。玄奘大學以後沒有消息的原因，乃是由於礙難立案，以及沒有適當地點。何日春雷再響，望雲天而悠悠，頗有今昔之慨嘆！

晉山前，一切籌備事項，都在道老的深思熟慮下分頭進行，逐漸完成。他曾對我說：「近來辦事都能得心應手，如願以償。」那個時候他的心神寧靜，思想確實很敏銳。譬如現在各處所謂的萬佛殿、萬佛寺、萬姓宗祠等，其實都是出自道老當時的構想，只是由他口說，發布新聞；而身體力行，付諸事實的，卻是別人搶先。但他的這些創見，實爲臺灣聞所未聞。

## 二六、研商興學大計

復次，民國六十二年冬令，我們玄奘寺醞釀籌辦玄奘大學。有一天，正當寒流襲境，朔風怒吼的一個黃昏，寺裏的住眾剛用過晚餐，因山上沒有炭爐暨電氣取暖設備，雖然門窗緊閉，但受冷鋒氣流的影響，我們坐在小客廳裏面，都冷得打起寒噤來，鼻尖、耳輪、脚趾頭，凍得有點疼。道老自接住持兩三年，好不容易上山來一趟，今天他還能在山上同我們耐住一個晚上，眞是希有難得！卽使天氣再冷，寒流的威勢再厲害、再兇狠，住眾誰都願忍住，齊坐在廳裏聆聽道老天南地北的雄談。

當道老的話匣子打開少頃，忽然有人敲門，客廳的大門開了，只見頭戴烏黑風帽和深度近視眼鏡，頸項子上還圍了圍巾，輕言細語先向我們打了個招呼，聲音微小，當時大家還辨識不出他究竟是誰，當他卸下了風帽，這纔曉得原來是從未光臨，遠道而來的華岡文化學院（文化大學的前身）大恩館，佛教文化研究所所長曉雲法師（以下簡稱曉師），帶着他的侍者和門生，冒着這麼寒冷的天氣，乘坐半天的車，這麼晚趕上山來，一定有很重要的事要辦。

據說是應道老前幾天在臺北的邀約，特地來到這潭淵嶽峙的淨地，蒭議興創玄奘大學的諸般事項。當時在座的人眾，除了廚的趕緊去爲曉師他們熱飯菜以外，其他的見客人到來，各自回寮。惟道老有事，翌晨他要提前趕回臺北；餐畢，曉師仍於原先談話的座位上坐下來細談。此來的意義既然如此重大殊勝，那晚上，我們三人熬着窗外強烈冷風的揚威，坐在夜色闌珊的小客廳裏，爲了研商興學大計，渾忘寒夜永。當話題結束，已是三更時分了。

那晚上的談話中，我一逕留神到曉師，他自踏進門來，侍者爲他敷座而坐以後，僅作禮貌上的寒暄三言兩句外，即納歸正傳，再也不見半句弦外之音。他高高興興，而且極爲懇切的盡是談些有關本寺未來創辦玄奘大學三段式的三期計畫，研商一些將來可能遭致的困難，和目前面臨的各項問題；還特別強調開創階段，有關備案及地點兩項，必須儘早謀求解決、克服，方可再向前途言之。

曉師說：「若眞的能有一所佛教學術性的學校成立，對整個中國佛教來說，是爲創舉。尤爲匡扶教運最徹底的辦法，實在太重要了，而且迫不容緩。你老同趙炎公兩位，太偉大了！」

## 二七、功德名利攸關

現在回過頭來，再說過去玄奘寺常住上一樁令人惋惜的事情。玄奘寺的環境特殊，它沒有基本信徒，過去一些大的工程，都是經董事會推動達成的。據說，當玄奘寺的玄奘殿快要落成，住持快要晉山了，那時玄奘寺常住還沒有動工修寮房，亦經炎公意見上達，省政府始奉命撥款趕工建築的。其建築經費，除一切開支外，尚結存二十八萬元。當時他們承辦單位主管人，將此結餘存款移交玄奘寺董事會收訖。

後經會議決定，責成某老居士保管，但當道老晉山的頭年（五十九年）秋，即道老接奉聘書不久，某老居士和另一委員不知何故，將這筆曾經會議公決交付保管，備作增建玄奘寺寮房不時之需的二十八萬元存款，曾與該委員私下作主，悉數移作錦上添花的其他用途了，爲了這件事，他老無限惋惜，曾數數對我說：「如今道安法師快晉山了，尤其將來還要增加好些住眾。如果沒有房間容納，這怎麼得了?唉!如果他二人不把那筆款項浪費掉，最少再加添十多間寮房，也足够了。如今，該怎麼辦?」

佛說：「一個人他能在戰場上戰勝百萬雄師，可是卻不容易征服他自己這顆心，若能够征服自己這顆心的人，才是世界上最偉大的人。」（《阿含經》）

佛說：「業力甚大，能敵須彌，能深巨海，能障聖道。」又說：「滴水盈器，莫輕小罪。」（《地藏經》）大凡一些人初發心都是很好的，很純正的，但久而久之，因受到自己業力的牽引，作不得主，自己不能征服自己這顆心——妄心，弄來弄去，卻完全走了樣，變了質，雖然弄到這種田地，可能連他自己還不知不覺。當初分明是一件無邊功德的好事，終於淪爲莫大的罪過，後悔莫及！所以佛法重「智慧」，尙「無我」的道理，也完全就在這裏。

佛言：「莫輕小惡，以爲無罪；死後有報，纖毫受之。」又云：「父子至親，歧路各別，縱然相會，無由代受。」（《地藏經》）因果是宇宙人生的眞理，亦爲佛教的基本教義。過去、現在、乃至未來，而且永恒如是，顚撲不破。這不是由你信不信的問題；它也不是因你口若懸河，強詞奪理，它就怕你，不敢惹你；也不是因你爲人敦厚，口才木訥，看你好欺侮，就都朝你頭上堆。並不是這個樣子的，它是彼此彼此，鐵面無私，平等一如，一點也不會含糊，絲毫也不會徇情、姑息。世上任何人只要違反了這個理則，踰越了這個軌迹，那就所謂：「天網恢恢，疏而不漏」。依據你所作罪業輕重，要你承受最嚴厲的懲罰——報應。愼之！誡之！信受奉行之！

## 二八、普淨上座禮聖骨

民國五十九年仲秋，譽爲泰國華籍僧皇的普淨上座，率徒眾十餘人首途回國參訪，道老曾陪同上座赴日月潭瞻禮玄奘大師靈骨。道老並吟詩誌念：

澄潭涵碧水，梵寺綴青山；樹古蟾聲雅，雲高月自閑。
蘭舫浮埜鴨，舟旅同鷗鷺；夜宿湖邊樓，日奔天涯路。
澄水明如鏡，投向萬山堆；雲影天光合，虹霓埜霧開。
朝陽送月落，秋雨載僧來；古寺鐘初動，驪歌幾度催。

他們於參拜大師靈骨行程結束的那晚上回到臺北，道老行裝甫卸，我亦從基隆公畢回松山寺，也剛到樓上丈室去，饑腸轆轆，道老即從冰箱裏取出幾片麵包給我充饑；說也眞巧，我正好咬下一口，趙老突然來電話：「我是老居士，有點事，請你現在就來談談好不?」

## 二九、人是最高的主宰

雖然只說一點事，當時已經是晚上九點以後了，其審知從吳興街松山寺到北投往返，車子足足要開一個多鐘頭；這麼晚，還來電話催我去，當然是有要緊的事，我將麵包塞進口袋裏，立刻下樓雇計程車趕去。

一上車，我坐在前座的位置上，一路上，司機很高興聽一些佛理，我也趁機提醒他：「我說，你聽，可是你不能有所疏忽。」他說：「當然會特別小心，我的耳朵久有訓練，開車聽話不分心，你師父儘管說好了。」

很快吃完了麵包，便首先引美國女佛教徒會創立者薩拉乃浮夫人的話說給他聽：「佛教在其歷史中，無時不在向前邁進；不但保持了與近代科學齊頭並進，並且超出而站在科學的前面。佛教在今日，正與科學同樣地嶄新而適用，何以故？因為佛法是以顛撲不破的眞如之理為基礎的。」

又告訴他，我起初是信別種宗教，後來又為什麼要信佛，要出家，乃至為什麼這麼忙碌。當我對他說：「佛教是一種理信，而不是迷信，並且是尙智慧的宗教。佛在世時，不但不怕人去向他提出問題，而且鼓勵他的弟子們去問他的道理。佛教是憑自己的行持法門，如法修學，得以成就的；並不需要去依靠別的恩典、權威才會得救。人是世間上最高的主宰，人的頭頂上，心裏頭，並沒有一個高於他自己的東西存在着和主宰着。我們佛教認為只要你如法修持，都能成佛。佛是人修成的，也只有人，才能進入佛的境界，才能成佛。所以佛說：『人人皆有佛性，人人皆可成佛。』就是這個道理。」

說完了，我看這位青年人，很有善根的樣子，問他：「你當過兵了沒有？」答：「退伍已快三年了，我是嘉義人，還沒有結婚……」我說青年人要孝順父母，父母親就是你們家裏的兩尊活佛，試想：「學佛學做人，人成則佛成。」（太虛大師）如果不孝順父母，那還談什麼做人的道理，又怎能學佛？佛言：「左肩挑父，右肩挑母，飯食便溺外，無有間息。盡曠刼，亦難報父母恩於萬一！」舜帝至孝感天，夏禹以大孝治天下。是故古聖先賢，無不以孝爲經世之根本。佛說四十二章經曰：「凡事天地鬼神，不如孝其二親，二親最上之神也。」

說到這裏，車子已進入趙府的巷口邊，下車時我付他四十元車資，那位司機青年朋友打拱作揖謙辭的說：「師父，你千萬不能這樣。不然，我於心實有不安！今晚我能遇上師父，眞太榮幸了！爲了表示一點點供養三寶的敬意，也是爲佛教作一點點事，盡一點點心，絕不能收取分文，有緣後日再會。」盛情難卻，我只有深致謝意，臨別前，且囑咐：「臺北火車站對面，南陽街二十號華藏講堂，淨空法師每晚大約八點開始講經，九點半結束，有空可以去聽聽。」然後揮手而別。

## 三〇、無一事不盡其誠

進門時，炎公在客廳，背着手踱來踱去，手裏還拿着兩封已寫好了的信，見我來到，分座而坐。相告：「我們玄奘寺那筆預備將來修寮房的二十八萬元存款，他們已經用掉了，一下子不容易找到這麼多的錢。如今道安法師快晉山了，沒有寮房怎麼可以呢？聽說泰國普淨法師，明天下午就要離開臺灣，這裏有一幅今天下午我才趕着把它寫好的對聯餽送他，請帶回去交給道安法師和白聖法師，請他們兩位代轉。」另交給我剛才拿在手上致普淨法師暨道安法師的親筆信，謙遜地說：「請你打開看看，這樣措詞妥當不妥當？」又繼續說：「明天上午中國佛教會假善導寺大殿爲普淨法師餞行，以我的名義，向他（普淨法師）募化幾十萬元建築費何如？我與普淨法師不過只見過一次面而已，不便啟口。」

聆聽之餘，熱淚幾乎奪眶而出，內心難過極了。坐在炎公的身邊，低垂着頭，好久說不出話來，也不知從何說起。其年逾九旬，德高望重，對玄奘寺的垂顧，精誠感人，處處在爲玄奘寺着想、設法、努力，眞是無微不至，莊子云：「不精不誠，不能感人。」怎不令我欽遲曷極，感激萬千呢？

關於這個問題，因我對普淨法師也只有一面之緣，實在太陌生了，當時無法表示意見，於是起身撥電話，把這個情形告訴道老。他也感動得在電話裏嘆息的說：「唉！我們這位老人家，眞是太偉大了！」又說：「如何、如何，等我明天去十普寺同白老商量後再作決定。你把那副對聯和信，先帶回來吧。」

翌日，道老經與白老研商的結果，礙於某種原因，從權只將炎公親寫的對聯代爲轉交，並沒有向普師提起其他事情。但道老、白老商量這個問題的時候，對趙老擁護道場和匡扶正教的義舉和美德，深受感動，他們異口同聲說：「趙老這種心腸的人，如今簡直踏破鐵鞋無覓處。唉！太少了！……啊！千祈三寶加被，諸佛護念，常住在世，永爲我們佛教的護法韋馱，澤惠人天，拯濟有情，阿彌陀佛！」

## 三一、慈恩塔命名

有一次，炎公的胃納不佳，我跟道老去趙府探視，敍談了一會，因爲玄奘寺後山興建塔院的工程行將告竣，但塔名未決，當時他老很高興的即將撰寫〈建塔緣起〉的初稿拿出來研商正文中一個問題。

炎公說：「塔名究以何種方式命名？」並慨嘆說：「總統幾次擬建佛寺，藉資紀念王太夫人，而圖報春暉之恩。惜乎！某差別因緣，屢生障礙，未克償願。今玆仰體　蔣公孝行、大願，同時昔日玄奘大師於長安大慈恩寺譯經，後人追念大師的勳功偉績，別稱慈恩大師。他闡宏的唯識宗亦稱『慈恩宗』，以此雙關涵義，我們可將紀念玄奘大師的塔，名爲『慈恩塔』，其意義最具完美，猶爲仰體　總統崇敬先哲，命建玄奘寺塔供奉大師靈骨之德意。」後經董事會決議通過，將塔名定爲「慈恩塔」。玆將炎公親自所撰＜建塔緣起＞全文，抄錄如下：

## 三二、籌建慈恩塔緣起

佛教稱塔爲「功德聚」，可以致百福，消千災，此與儒家作善降祥之說相契。蓋感應所召，理固然也。民國三十二年，日人高森隆介在南京雨花臺發現玄奘大師靈骨，謂建塔供養，其國必興。日當軸聞之，卽於戰敗後在玉崎縣慈恩寺建塔供養。觀日本復興之速，事益可徵。吾國亦在南京、北平二地建塔。惟臺灣爲反攻復國基地，獨付闕如，高森深感我　總統寬大厚恩，商得彼邦大德同意，將所供大師靈骨之一部，禮送來臺，爲建塔之用。我　總統以大師涉險犯難之精神，堪爲今日朝野反攻復國之楷範，其於學術文化之輝煌貢獻，尤爲中外學者備極推崇，特指定日月潭爲建立塔寺之地。曾披荆履棘，躬臨勘察。卽令臺灣省政府援臺南縣保存古物先例，酌予資助。心崇意隆，可謂至矣。其地攬湖山之形勝，聚天地之菁英，一代高僧，將因名潭勝蹟，倍致榮顯，垂裕後昆，理有必然。說者謂自玄奘寺三層大殿建成後，我 總統政躬日見康泰，國際聲譽，日以昂起，以及天災減輕，已見明效，倘大塔落成，靈光所照，羣魔懾伏，不惟復國必極順利，行見地方之愈見繁榮，人才之愈形蔚起，皆可預卜；豈僅增名勝，助遊觀已哉！經會議定名爲「慈恩塔」。慈恩乃玄奘大師別稱，亦名慈恩大師，故唯識宗又稱慈恩宗。蓋唐高宗紀念其母后，以此名寺。我 總統以仁孝昭示天下，而涵濡薰沐，胥出自 蔣母王太夫人慈育之功，坤範母儀，古今輝映，太夫人篤持佛法，平居禮誦甚虔，今玆建塔，當亦深符慈意所願。大心善信，儘力輪將，行見金臺高峙，輪相圓彰，貝葉翻飛，妥置金剛之窟，旗壇供奉，廣流舍利之光，用祈十方，同擎斯舉。

## 三三、愚人千慮一得

一天下午，我去趙府，他老人家要我代擬一份上 總統的函稿，請示慈恩塔一、二層，究竟那一層供奉觀世音菩薩聖像，請核示祇遵。

翌日上午，將擬就之函稿送去趙府，進門時炎公正與兩位陌生的客人（內政部、中國廣播公司）在談論他們所撰寫的《近代史》稿暨交中央廣播電臺播出的史稿，請他老寓目。其中有關炎公溯自留日參加同盟會，乃至主湘期間卓著功勳的治蹟，請印可。晤談完畢，把稿件留下一份備察核，然後辭出。

他老平坐在原來躺椅上，閉目靜養片刻，乃將我手中的函稿取過審閱，卽說：「總統也八十多的老人了，這麼四、五百字的長函，他可能不會看，最好能濃縮成最多不超過一百四、五十個字。」當時我把那信稿接過來之後，但不知從何下筆。然而說也奇怪，生平從未有過那麼敏銳的靈感，恰如泉湧般的直洩出來，隨卽取其握在手裏的黑色簽字筆，快馬加鞭的，沒幾分鐘，就纂改剔除好了。他老也只把其中一個轉折詞「而」改成「然」，莞爾示慰的說：「這樣子很好了！很好了！」後來一算，正好連最後的祝頌語——「敬請鈞安」，總共一百二十，還差六個字。

隔了一天，我又去趙府時，李志高先生還提到了這件事。實在說，我生平心智觸發得這麼快，也只是這麼一次，尤其像我這磽薄未墾的心田，那裏來的什麼靈感，這或許是愚人千慮一得的湊巧罷了。然蒙謬譽，炎公欲自全雅操，濫相光飾耳！

後來，我始終把這份別具意義的函稿，小心翼翼的珍藏了起來，以誌紀念。迨六十二年暑假幾位來寺幫忙的學生，有一天我到臺北去了，他們看到我的抽屜及公文櫃裏亂得很，大家發心要好好整理一番，他們見到這麼一張塗得一塌糊塗的稿子，視同廢紙一般的處理掉了。等我再一、兩天從臺北回寺後，問他們夾在何處？他們囁嚅地說：「燒掉了！」糟糕！可是說也無用，只好隨他去也！

那次炎公的函呈，後來奉總統府張秘書長奉諭代覆：「日月潭慈恩塔裏底下第一層備供觀音菩薩塑像；至於王太夫人遺像則另行安置供奉。」

在我的記憶中，他老八十以後，文書的起草，佛教方面，除普通簡單的書函仍是親自操勞外，其餘便很少自己着筆了。其實，在道老晉山前，我滯留臺北籌備期間，我只代替勉爲其難的擬過少數幾次稿；幾年來，大多數是道老的秘書黃景岳先生代勞，有時也出自道老的手筆，不過次數並不多，我們每次代擬的文稿都須經寓目繕發。

## 三四、道老榮膺第三任住持

我們有一次在談話中，他老又將日前上　總統書影印本交我們看，其函旨在報告玄奘寺董事會經會議通過，聘請道安法師爲玄奘寺第三任住持，並介紹道安法師之德之學、行持、慧解，且係頗具建設天才之高僧。

道老晉山典禮的籌備工作，經半年多長時間的充分準備，均已就緒。典禮前一星期，我去臺北時，特將晉山典禮籌備的經過情形，詳告他老；並將爲他老準備的精印晉山典禮祝詞請寓目。他老高興得歡天喜地的數數說：「太好了！太好了！」而且至爲謙遜的說：「這次道安法師的晉山典禮，大家忙了這麼久，尤其你個人，僕僕風塵，忙了大半年，等忙完了，趕快好好休息一下，回臺北來多住幾天；我年老了，沒有盡到一點責任，偏勞你們諸位，對不起！回寺後，請代我謝謝大家。」最後還說：「晉山典禮後，我們玄奘寺便可按照道安法師完善的擴建構想來發揚玄奘大師的精神，及光大佛教，作育僧青年，將來我們玄奘寺……。」

民國六十年四月十四日，是道老榮膺日月潭玄奘寺第三任住持晉山典禮的佳日。經長時間充分的準備，於晉山典禮前數日，還請到幾位法師幫忙，玄奘寺的內內外外，懸燈結彩，佈置得美侖美奐，備極莊嚴。日月潭小鎮以及德化社街頭，還有日月潭環湖公路邊的電燈桿上，都懸掛着「國旗」和「教旗」，迎風飄揚，到處可見。通衢要道則張貼着海報、標語、特刊，設計新穎，美不勝收，頗具生氣蓬勃，欣欣向榮之感。晉山典禮，海眾雲集，莊嚴隆重，不但極一時之盛，而且爲本省寺院所僅見。

是日觀禮者，有政府首長、名流、學者、四衆弟子等千餘人。各報記者、電視臺記者，也趕來作實況採訪及拍攝電視。那天炎公老古板樣兒，依舊着的陰丹士林布長衫，外面仍套的黑馬褂，戴着的是深灰色呢質禮帽，神采奕奕，心神怡暢，在闔家十餘人的陪侍下，前一天晚上，下榻於涵碧樓。翌日護侍蒞寺，以董事長身分，主持道老的晉山典禮，並致詞（文句冗長，他老宣說了一段後，由其公子佛重居士接着代爲朗誦。）以下是祝詞全文：

諸位法師！諸位來賓！諸位道友！今天是玄奘寺新任住持道安法師晉山大典，諸位不辭辛勞，由各地遠道趕來日月潭本寺參與慶典，這完全是道安法師福德殊勝，乃能有今天這麼踴躍的因緣際會。今後我們的玄奘寺，經道安法師精心建設後，端爲光輝燦爛，正導社會人心正思的僧伽大本營。

因此，我想在沒有介紹道安法師的行誼之前，先一提今日世界的佛教，與玄奘大師的偉蹟：美國今天的佛教，已由萌芽而茁壯的宏大起來，這是一個非常良好的現象；著名的哈佛大學，研究佛學已得到了兩點結論：公認基督教文化，比我們的佛教最少要落後三千年；又說，現在的心理學，比佛教的唯識心理學，也要落後三千年。換句話說，佛教心理學已超過現代心理學三千年了。其實，佛教的殊勝教義，是從佛陀的淨明覺海中顯露出來，可不是那些爲煩惱所覆蓋，我見所繫縛，三毒未盡的其他任何宗教，能在千年萬年以後便可追趕得上的。史密斯先生在他〈人類的宗教佛學篇〉裏說：「如來是深邃的，不可測的，難於了解的，和海洋一樣。」這才是中肯的肺腑之言。

再看我們的玄奘大師，是一位前無古人，後無來者的大翻譯家、大論師、大思想家，同時，也是大旅行家。而且，他是我國唯識學的鼻祖，佛教之所以能光輝中華，輻射遠東，普照全球，玄奘大師其承先啟後，厥爲首功。他的《大唐西域記》，已譯成數十國文字，輝映人類；他的唯識學等已有英譯本行世，所以，他不但是我國民族的壞寶，而且是世界的巨人。

基如以上所說，今後我們無論是爲了宣揚教義，發揚玄奘大師眞精神，及作育僧才，與革僧制，中興教運，本寺都必須是一個莊嚴、肅穆、恢宏，而足可作爲國家代表性的佛教勝地，以供全世界各地人士來華參拜、觀光。因此，本寺正需要一位深具建設天才的住持，方足勝任，道安法師正是一位具諸充沛作創造精神的法師。他寫了一本《東方聖哲的唐玄奘》小冊子（印刷中），閱讀後就可明白玄奘大師的崇高、偉大的所在了；那裏面並說明將來玄奘寺擴建的詳細情形，及了解玄奘寺將來在我國佛教中所承擔的巨大使命和任務。

三十年前，道安法師駐錫廣西桂林，任該省佛教分會理事長時，在烽火遍野，物力維艱的時期，他竟能以赤手空拳，而建立一座美侖美奐，莊嚴宏偉的佛教會會所，爲全國唯一具有會所的第一人，僅此可見道安法師建設才能之卓越。抗戰勝利後，本人特敦請道安法師回湖南省，主持南嶽名刹祝聖寺及佛學院，並擴大覺民高小。在戰後民窮財盡，物價暴漲之時，他竟能作育僧才，擴充學校，宣弘化導，不遺餘力。

三十八年大陸紅禍氾濫，道安法師輾轉來臺，身無分文，現在臺北市三張犁，建設一座本省數一數二的宏偉道場松山寺；同時爲了秉承慈航法師遺志，又創辦慈航中學、慈航紀念堂，出版《慈航全集》及《獅子吼》等刊物。這雖是十方功德聚積而成，但是他的領導與感化力，是不可否認的，這些也都是各位有目共睹的事實，其建設才能，是如此的優異。

本寺前任住持演培法師，是個難得的弘法人才，由於遊化南洋，至爲忙碌，對本寺無法兼顧，故屢函請辭去住持之職。同時　總統常蒞本寺巡視，對興建寶塔，修築馬路，及修建本寺之有關事項，每多垂示，其崇敬玄奘大師，維護佛教，體卹住眾之德意，無微不至。基於以上的各種因緣，我想本寺住持一職，亟待遴選，經董事會同仁一再思慮，認為道安法師出任斯職，最為適當。幸道安法師以弘法為己任，經本會敦請，卽承應諾，其明快果敢承當艱巨任務之氣魄、毅力，至為可敬，故今天道安法師晉山典禮，實在很值得我們慶賀。其次，要向各位報告的是，本寺將來發展應用之土地，均為國有，辦理手續不易，經本人呈請 總統核示，經總統府張秘書長，臺灣省政府陳主席，經濟部，林務局等各長官及有關單位，熱忱大力支持，這種愛護佛教的精神，不但本人感激，卽我佛教界，均應予以感激的一件盛事。

現在土地問題雖已初步解決，但要如何來興建這一個宏偉的佛教道場，則是我們佛教界應該加倍努力的，希望在道安法師之主持下，大家全心全力地維護，使玄奘寺能加速建設完成，這是本人最大的願望。最後敬祝道安法師法體健康！並祝諸位法喜充滿！謝謝各位！」

是晚，電視播映上午日月潭玄奘寺新任住持道安法師晉山典禮實況新聞。翌日，各報競刊特寫新聞和發布消息。像這種隆重壯觀的場面，和肅穆莊嚴的佛教慶典儀式，見者聞者，崇敬之心，油然而生。

## 三五、以此身心奉塵刹

晉山那天，我因病（重感冒已三天了），聲音嘶啞得說不出話來。雖然那天天高氣爽，大家熱得連着一件香港衫也還在淌汗，但我穿的是長棉襖，裏面加穿了一件毛線背心和夾短衫，身上還有點感覺到衣服穿得不大够，通身總是涼涼的。雖然一直支撐着照常做事，但是終歸有氣無力，頗感疲乏，尤其那天完全沒有照顧到炎公和佛重居士及他們家人；不但這次他們闔家人等參加此次慶典，招待極爲怠慢，而且下榻涵碧樓的餐費以及一切旅途的費用，也全是他們自備。

自我結識他老這十年來，其爲玄奘寺、爲佛教，無論精神、物質、金錢方面，只有無盡的施捨，沒有絲毫的分享。因爲他老不但洞悉福慧雙脩，功不唐捐的義理，而且契入三輪（能施、所施、及所施予的東西）體空之境，那天連飯也都是他們自己找到吃的。好在都是正信佛教弟子，體諒寺廟裏人手少，而且居士們來到寺院重在植福，也不會見怪的。

記得我於民國五十年在臺北慧日講堂時，一到法會那天，看到好多居士來到，他們都是極有聲望、地位的人士，但卻自己去拿碗筷，找椅櫈、搬桌子。四眾弟子，在佛制這種平等觀、大家庭的理念中，都顯得無我，親切而清涼了！

是晚，道老召集我們坐談，首先道老說：「關於今後我們玄奘寺的住眾生活所需

——四事供養（衣、食、住、醫藥）皆由常住負責。」因此行將到職視事的監院性梵法師即提議：「住眾既然一切都由常住負責，則每個月的單金，就不必太多了。」他的意思是，出家人私人的錢（積蓄）太多了，有時會障道。經大家決定：每個月份單金，住持一千元，執事六百元，清眾三百元。過去，我在玄奘寺擔任監院那幾年當中，均依此規定行之。

還記得晉山那天，常住特從臺中請到了瑞成印刷廠董事長許炎棱居士（業餘攝影家，義務性），帶着他新購美國太空船上使用的那類型照相機以大殿正面作背景，替炎公照相。許居士從四方八面的角度照了十多張，後來放大成六吋半身相片。因相機性能優異、天氣好、技術佳、時間相宜，再加他本身文學深厚的造詣，所以張張都是上乘作品，這是道老爲準備他老百年後鑄銅像用，這些照片以後悉交佛重居士珍藏。

## 三六、蔣公崇聖尊賢

據悉，總統　蔣公昔日不論在大陸或來臺灣，所到之處，只要有名刹古寺，多進入瞻禮一番，瀕行總要囑咐侍從人員惠施油香金植福，過去　總統每蒞玄奘寺，也都要餽送油香金。

官邸侍從組長趙聞起先生說過：「總統有一次去日月潭，路過南投埔里觀音山途中，突命停車下來瞻望少時，吩咐到觀音山下面一水之隔的久靈寺；這眞把隨侍人員難住了，大家驚惶得咸感措手不及，幸而後來發現吊橋的負荷量及寬度不够，遂作罷。」是爲　蔣公善根深厚，敬崇三寶，暨飲水思源，愼終追遠，有以致之也。

總統有一次去玄奘寺的時候，鐘鼓齊鳴恭迎之；步入大殿，見敲鐘的是一個小沙彌，莞爾垂詢：「這裏早、晚敲鐘，你們老和尚叫你敲的是多少下？」答：「老和尚叫我們早晨敲一〇八下，晚上也是一〇八下。」　總統慈祥的對小沙彌說：「過去大陸廟裏面早晚都是要敲三個一〇八下。」當時小沙彌赧赧而恭敬的回答：「遵命！」那次　總統返回涵碧樓後，涵碧樓即來電話通知：「玄奘寺早晚敲鐘從今晚開始，每次都要敲三百二十四下。」

後來時日久了，有些人想仍恢復一〇八下的規矩，但道老的意思：「今日的　總統，即古代的帝王。古代聖旨所封，均不可更易；我們玄奘寺敲鐘三二四下，這是總統說的，很光榮的，而且具有紀念價値的歷史意義，這也代表玄奘寺與衆迥異的地方與精神。再說，多敲鐘擊鼓，朗誦鐘聲偈，則警策、敲醒多少世人的迷夢，乃至超度孤魂野鬼，屢劫怨親，這是冥陽兩利的功德，亦是修行的另一層面。我們要永遠這樣的敲下去，亦更具深遠意義。」事後詳諸炎公，他老人家也極爲同意道老的意見。所以過去我在玄奘寺早、晚兩次敲鐘，都一直是這樣的敲，從不短少，謹述因緣，以誌紀念。

總統愛靜聽鐘聲，每至日月潭，卽駐蹕涵碧樓，早、晚於靜處備躺椅，閉目聆聽隔潭慈恩塔、玄奘寺、玄光寺三處相續扣擊一小時半的鐘聲；斯時倘有人從身邊經過，必令止住於身旁坐下，共聽隔潭鐘聲。有一次我們玄奘寺的小沙彌少敲了一下，總統都能知曉，不多時涵碧樓卽來電話相告。是故 總統於聞鐘聲寧靜致遠的工夫之深邃，是常人難以窺測得到的！

又曾聽趙聞起先生說：「總統 蔣公住世時，桃園大溪行館 蔣公的書房裏面，一直都是只供一尊觀世音菩薩像。」觀乎此，敬奉三寶，虔心事佛，其有心焉！

總統每次蒞臨玄奘寺，登上三樓玄奘大師靈骨塔前，循禮深致敬意後，必於正前端門外迴廊邊，亦卽大師靈骨塔的前端小陽臺上，備椅小憩，凝視室內壇臺上靈骨塔，緬懷先哲，獨步古今，威靈赫赫；再遠眺萬山拱拜，澄潭鏡水，湖光山色，一水容萬派的勝景，則心神怡悅，留連忘返矣！每於此小憩時，且爲懇切關注，頻頻垂詢玄奘寺住衆的生活狀況，以及常住法務開展的情形。

## 三七、圖報昊天罔極之恩

基於上述，總統之宿根深厚，事親至孝，乃至爲教、護教之熱忱，焉可言喩。又側聞昔日擬在臺北、金山、陽明山，乃至高雄澄淸湖等處擇地爲王太夫人各蓋一慈恩寺塔，福利人天，亦期圖報昊天罔極之恩，惟如前所說，由於某種逆緣屢生障難，始終未酬夙願。尤其又聽說香港一位法師，將建寺巨款已携來，聽候動工。也只是無法克服此般障難，作罷回港。

聞自章嘉大師圓寂後，總統 蔣公卽失知音。往昔唐太宗邀請玄奘大師談玄論道，引經酬對，帝深納受。而淸言旣交，遂不知日昃，且數攘袂嘆曰：「朕共法師相逢晚矣！不得廣宏佛事！」但願天假其緣，蔣公常蒞臨玄奘寺盤桓論道，則古今輝映，永垂佳話矣！

多年來，總統一直如此關切垂顧玄奘寺，每去玄奘寺，均需涉水越山始至，往返諸多不便；事實上委實如此，過去在環湖公路未通車前，朝禮的香（遊）客，多半下船到碼頭畔進入玄光寺瞻禮一番，卽原舟遄返，再爬上玄奘寺的，畢竟太少。蔣公怕我們玄奘寺的住衆將來生活艱難，尤爲光大奘公道場，特命省府闢修日月潭環湖公路直達玄奘寺，如今欣逢公路通車及名山得主的消息，當然頗愜聖懷。

## 三八、百身莫贖之愆

果然，當晉山典禮後的第六天清晨， 總統卽蒞臨玄奘寺，聽說那天去得特別早，下車後，頷首舉手向遊客頻頻答禮；尤其難得的，自玄奘寺前面的牌坊及庭院竣工後，此爲首次幸駕。 總統緩步登梯，至牌坊處，自前面停車場目睹庭院花木扶疏，環境簇新，仰視大殿正面，鐵馬叮噹，飛簷巧鬭。玄奘大殿內內外外，一二三樓，於道老晉山典禮前，油漆粉飾得煥然一新。肅穆莊嚴，巍峨在望，怡情悅意， 總統頻頻點頭示意，莞爾巡視。

詎料徐步由大殿前牌樓、丹墀步入大殿，將上二樓前，見到廊下洗臉架等欠整齊， 總統看在眼裏，當然感到不悅，立刻吩咐隨員從速協助整理，予以丟棄。隨卽登上二、三樓巡視一周，在玄奘大師靈骨塔前行禮致敬後，再也沒有如同過去每回致敬畢，卽到靈骨塔前面廻廊的小陽臺矚目遠眺，就徐步下樓，道老恭送上轎， 總統微笑揮手作別。可是以後 總統四次上慈恩塔，再不見 蔣公進寺禮佛，登三樓致敬了。

影響所及，使得道老對玄奘寺人事安排上整個爲之改體、星散。前程似錦的玄奘寺未來美景，一下子全斷送了！所謂「人必自侮，而後人侮之。」往後再要去求人家，那就好困難了！

其實，總統蒞臨的前一天上午，涵碧樓就曾先予通知，隨卽又有二十餘位警衛人員先行抵達，如果請他們幫忙打掃清理一番，只需極短時間，便可整理就緒，誰都願樂欲爲。再說，我固然不在，上面曾提到的，道老晉山陞座的第三天清晨我因重感冒，坐他回臺北的便車去石牌住榮民總醫院了，但寺裏也還有兩個工友可供使喚，而時間亦頗爲充裕，何以那天大殿前面兩邊廊簷下的洗臉架等弄得那麼窩囊……。大殿中央及兩側的幾支柱頭上，還留有晉山典禮時用過的廢鐵絲？大殿後面的樓梯口，十多雙新舊、色澤不一的拖鞋居然狼藉雜陳，怎麼會如此的疏忽呢？

總統慈祥和藹地垂詢香火情形時，××師竟然以「馬馬虎虎」四字作答，虧他還是中級的政工幹部出身，怎麼可以在元首面前以這樣一個粗俗不雅、含糊籠統的詞彙作答？豈僅是不得體，簡直是失態，怎不令人深感遺憾！

## 三九、慘淡經營

炎公鑑於玄奘寺用水困難，住眾殊爲不便，尤其將來擴建施工期中，問題更爲嚴重，是故商請公路局新工處王處長（湖南瀏陽人）設法解決此項問題。王氏接奉炎公親筆函，如獲至寶，不但深感榮幸，而且興奮地親自動手，從優設計，增加當時用水的三十倍水量，可供兩千人同時用水，無虞匱乏。水源把它改建在慈恩塔旁的高處，幫浦與慈恩塔併建，既省時間、費用，又增大給水的壓力和貯水量，以後玄奘寺那怕二十三層的建築，也不須另加馬達，均有水用。

只須擴大幫浦，新敷設大型PVC水管逕至玄奘寺即可，全部工程費用計二十萬元。還有慈恩塔第一層奉准供觀世音菩薩塑像，全部工程費總共五十五萬元，全部檜木的工程設計圖，他們興工處汪處長，親自逐一說明，交我過目，一切成就，亦俟晉山事畢，暨慈恩塔工程建塔工程完竣，即可全部發包施工。其工程圖表及計畫書我亦看過，且託人代爲告慰炎公。只是以後和慈恩塔第一層供觀世音菩薩像的這兩項計四十五萬元，而且款已撥好，只待道老晉山陞座典禮後，承包商就進入工地施工的工程也都因此而化爲烏有。

還有一項是玄奘寺庭院設計的工程。這點工程當然應附屬於牌坊圍牆修建工程裏面的一部分，還是臺中公路局第二工程處建築慈恩塔及玄奘寺牌坊、圍牆期內派駐玄奘寺照顧全部工程的孫總工程師的功德，他向我特別關照此事，我們才想到。相囑：「務必火速進行，因爲代建本寺的牌樓、圍牆工作進度報告書昨天才寄出，明天星期天還來得及，但須卽說卽做，親自送到公路局，趕上星期一上班便可能見到這份公文——申請庭院建築工程應納入牌坊圍牆全部工程。」孫總工程師並另介紹臺中一位庭院設計專家來寺設計繪圖，工程費二十五萬元。庭院中除種植奇花異草、行樹、盆景外，大殿門前拜臺下面丹墀兩邊，開鑿兩個噴水蓮花池，內有假山，池底敷設電化彩色燈光，各式各型水霧噴射器；暨少數盆景、睡蓮，藉以點綴水面的寂寞，及環境的美化。另外四周有亭榭，長廊花架，尤其方便住眾們雨天從寮房出來上早晚殿時，不會淋雨打濕鞋襪。

孫工程師原籍瀋陽市，極爲豪爽，胸襟廓然，是一位很有善根的人，他時常說：「老佛爺的事，唯恐辦不到，那怕盡一點點力，也很榮幸！」遺憾的是，有些我們自己人卻造成一連串不堪設想的錯誤和過失，夫復何言！

後來由於某種特殊因緣，務須尅期完成，這也還是由我們闔寺住眾自己胼手胝足，在一切從簡的原則下，全體動員才把它做好的。不過後來，適逢公路局陳局長陪同立監委到玄奘寺瞻禮大師靈骨時，我得便向他提及此事，當時吳延環、董正之、盧宗濂三位立委，暨公路局新工處那位王處長都站在大殿前面，我說：「因為本寺的牌坊、圍牆承蒙貴局建造，此墓爾庭院設置及修繕工程，應為附屬於工程內的殘留部分。如今因某種因緣，我們自己剋期完成，代為作好，惟本寺無此項經費，請惠予補助。」陳局長見事實確鑿，立即責成王處長據實歸墊，功德圓滿，皆大歡喜。

僅以上三項工程，從發端到進入，直至發包施工為止，在這段期間內，炎公化費了不少心血，操勞了很多。政府機關對我們玄奘寺，也確實盡了最大的力。

## 四〇、等因奉此待驢年

復次，玄奘寺塔的「擴建使用土地撥贈」，一向是玄奘寺的莫大問題。道老於晉山前，曾經說過這麼一句話：「沒有土地給我們，縱去也是一籌莫展。」關於這件事，總統府張秘書長奉覆趙資政恒惖老先生函節開：「……擴建玄奘寺，現在及將來所需土地，悉予贈予。」有了這份公文作依據，照說應該是沒有問題了。然晉山的前一年，觀光局為了日月潭觀光事業，曾於新竹召集有關單位開會，道老曾出席說明本寺擴建構想，不料林務局、建設廳卻推推拉拉，炎公眼看如此的情形，又曾先後函請黃達雲、陳浩然、謝東閔三位主席及沈家銘先生，乃至經國先生，幸望仰體　總統德意，儘速撥贈，俾早觀其成。

有一次，臺灣省謝主席，陪同蔣院長經國先生去玄奘寺，我送他們出來，因謝主席過去是我們玄奘寺的常務董事，由於這層關係，特別向他將本寺申請撥贈土地推推拉拉的懸案提出，並請鼎助。當時他答應回中興新村後，卽交代承辦單位速辦。後來炎公曾以信函相催，並另外託人催詢。

以後我又與中興新村歐陽主任秘書懇談過，他也無法提出具體的答覆。我曾去找過南投縣縣長林洋港先生，他很熱心的卽說卽做，並親自到魚池鄉公所暨日月潭林班站查閱檔案，垂詢因由；可惜他不久榮調，離開了南投。以後又與新任劉縣長接觸過好多次，因玄奘寺在其轄區之內，如能擴建，不但是他縣長的無上光榮，而對地方鄉、鎭、縣、市，乃至國家以及人類，眞是造福不淺。這位劉縣長及他的機要秘書、主任秘書，都很熱心，雖然深明大義，古道熱腸，可惜究竟隔了一層，難有預期效果。

過去我在玄奘寺那五年當中，爲了申請玄奘塔寺擴建使用土地的這椿事，曾經去過中興新村、觀光局、南投縣政府；也跑過林務局、大甲林班集集辦事處、魚池鄉公所、林務局日月潭林班站，乃至集集分局、日月潭風景管理處以及派出所等等。另外還有其他一兩處機關，找人接洽，參加開會，總共加起來，沒有兩百次，也有一百好幾十次之多。

其中令人難以相信的，莫過於當我離開玄奘寺之前，最後參加他們召開的會議諸般情形。那次是民國六十三年十二月的一天下午，我和道老到日月潭畔林班站的會議室二樓故址開會，參加的單位，仍然有二十多個，出席會議的有三十餘人。首先是主席的開場白，但沒幾句，卽剴切表示這次會議，主要是爲了玄奘寺申請撥贈玄奘塔寺擴建使用土地，歷年來一直是難以達成協議的懸案，至於問題的癥結所在，端爲申請撥贈的土地面積太大，是故本局歉難同意等等。他們以爲那次用這個歪理由就可難住我們，甚至否定了玄奘寺的申請。

可是當主席剛把話說完，道老接着站起來說：「本寺曾經向貴局申請代爲保管的玄奘塔寺附近的國有林地七十公頃（八十甲），俾供擴建之需。六年前，經總統府張秘書長批覆：『卽將日月潭玄奘寺申請擴建玄奘塔寺所需土地（七十公頃），悉數贈予。』副本曾抄送各有關單位。然而六年來，不知開了有多少次會，總是議而不決，決而不行。而且本寺董事會董事長趙恒惕長者，曾函請三位省主席，沈家銘先生，乃至經國先生，幸望仰體　總統德意，儘速撥贈，俾早觀其成。可是復函中卻說：『據報玄奘寺申請使用的土地面積太大。』既然這樣，現在我們玄奘寺不要八十甲，只要貴局把緊靠玄奘殿後山的地方撥出兩甲還不到的土地，供建萬佛寶殿（如附錄一之中的日月潭玄奘寺萬佛寶殿正面圖）之需。

當道老一口氣提出這麼一個完全出人意料之外，且倍極震撼的驚駭提案，和簡直不成比例的大幅度直線陡降的動議時，頃刻會議席上的大眾，個個驚愕地瞪大眼睛盯着道老，一聲不響的都坐在那裏發呆。尤其坐在靠上首一排那四五個××局所屬單位的人員，呆若木鷄，好一陣子；卻感動得發自肺腑，自言自語的說：「喏！只這麼一點點土地了，那要趕快撥給他們玄奘寺才像樣呀！」不但如此，連剛才那位振振有詞的會議主席，聆聽之餘，良知未泯，一時被感動得備極愧疚的也楞住了，同時又聽到他們自己出席的那幾位，發出同情心的正義之聲，於是他搶先站起來宣說「提案」一遍，接着以肯定的口脗說：「此案通過。」道老這支大手筆所提只要撥兩甲還不到土地的這一案，在皆大歡喜，洋溢着欣敬、驚服的心情下，百分之百的通過了。

照說，像這麼樣子全體通過了的撥贈土地應該絕無問題了吧，可是×局承辦單位的負責人，一意孤行，也連這麼一點點土地，竟也不肯撥給我們；由此可見往昔他們一再申明：「玄奘寺申請的擴建使用面積太大，所以我們才不撥。」只是推托之詞，事實上根本他們就毫無半點誠意，至此已昭然若揭。所謂「讀聖賢書，所學何事」？眞不懂，他們究竟是什麼緣故要這麼做？試想，要不是歷經數載，這些千眞萬確的事實，如果只憑口說，誰能相信？

## 四一、君子之風永昭

現在又回過頭來把話再說到炎公住世時，對玄奘寺這許許多多癥結所在的事，當然內心都淸楚，但都不曾提及，更無怨尤。當道老那次晉山典禮後，我病癒出院回寺前，去向他老致謝時，其只作如是說：「這次　總統去日月潭回來，見玄奘寺的住眾少，慈恩塔與玄奘寺，相隔有一段距離，而且又在後山頂上，上面的環境衛生暨保養管理，必須專人負責。經國先生來電話說：『日月潭慈恩塔暫由涵碧樓管理』，這也好，減少很多責任。」我與炎公相交行將十年，雖已年逾九旬，但其對事的體貼，人情物理的達練，乃至謙遜、容忍、慈祥、寬厚的襟懷，古今鮮矣！尤其別人倘有沉重處，從不挑剔、責難，並予無限的同情、拔濟、包涵、容忍、策勵——無畏施，而且視人之過，卽己之過；人之患卽己之患，恒此自律嚴身。

再一提炎公不念舊惡的英雄本色事蹟，據說，民國十三、十四年間，他老曾與北方吳佩孚因政見相左，短兵相接，交戰很久，此卽所謂「南北戰爭」。迨民國十七年，北伐成功，南北統一，其與吳氏不但言歸于好，且成爲莫逆之交。民國二十五年十二月十二日　蔣委員長西安蒙難，並聯名馳電，義正詞嚴，斥責張學良：「國難方殷，大敵伺隙輒入；幸望高瞻遠矚，務必以國家民族安危爲前提，以蒼生黎庶禍福爲取捨，應卽禮釋　蔣委員長回京，以息衆怒，而慰國人。」

昔日北投趙府客廳內，一進門，舉頭迎面可見那書櫃高處，有一高約尺許，身着戎裝，佩大綬錦帶，胸前綴滿勳章，頭戴矗立寶鼎禮冠，目光烱烱，糾糾乎、赫赫然的五彩瓷像，當初我還以爲這是七七抗戰前　蔣委員長那幀大元帥的玉照。有一次偶爾走近審視，並經李志高先生說明，才曉得原來是炎公於五十年前主湘（督軍）時的英姿，時年四十歲。當年之神態、風采，和總統　蔣公往昔於南京時代的　蔣委員長一樣。當時李先生雖然已經向我說明，但是我心裏頭總因他老這幀德相，與過去委員長那幀玉照太相像而產生錯覺，他剛才的一番說明，仍無法把我心頭的錯覺完全拭去，可見年輕時代炎公的氣質、風神、儀範不凡。

曾閱衡山趙公（恒惖）略傳、節稱：「……任職（主湘）四年，省刑罰、薄賦斂、整軍伍、廢防區、創制湖南憲政，在舉國干戈雲擾之中，湖南民生安定，儼爲世外桃源焉！並創立湖南大學，擴展國民教育，築公路，建工業，湖南之政，遂當全國之冠。」

難怪從前家鄉父老們，稱頌炎公是我們湖南勤政而極關心民瘼的父母官。

基於以上所說，我原作如是念：「具八紘之略，驅駕英豪之才；輔政黨國之功，騰今照古之智，爲何杜口下士，恂恂鄉黨。」莊子云：「大音無音，大器木訥。」我們這位炎公眞不愧爲謙光盛德，仁常而不居的一代偉人！

## 四二、恩澤永銘心際

過去臺北石牌的榮民總醫院，因院方的床位有限，僧多粥少，平常很不容易住進去。我每次因病住院，患友們總會以極爲驚愕、詫異的眼光注視，而且帶有幾分好奇地問：「你怎麼可以住進來呢？」確實，有病要想住榮總，眞是一件很不簡單的事，原因是床位有限。然我於炎公住世時，幾次去榮總住院，都是承蒙蔭庇而得順利進入。不但如此，曾有一、二道友得以住進榮總治療，也是得蒙關照的功德。然，年來每去榮總求診，頗有今昔之感！

民國六十一年一月，我因事去臺北，詎料染患死亡率最高的急性腸炎（副霍亂），一晝夜水瀉逾二十次，體溫很高，精疲力竭，三餐不進，入夜已不能起床。子夜時分，雇車疾駛榮總掛「急診」，經初步診斷，病情相符，惟急診室夜間值班大夫說：「高燒是不錯，但要升到三十九度以上，才够住院資格，你明天再來看門診好了。」說完，去看別的病人去了。可是我的高燒只升到三十八度八，差零點二度，無論如何不肯收。隨車護送我的彭晚成居士着慌了，怎麼辦？同時另一位護理員也從他值班位置走近前來說：「時候不早了，你們趕快回去吧！這裏是不許過夜的。」這可眞成了大問題囉！時間是午夜十一點三刻，夜闌人靜，又這麼重的病，究竟到那裏去好呢？

我蜷伏在急診室內的推床（手術床）上，通身燒得熱烘烘的，喉頭奇渴，雖然帶了冷開水，但再怎麼喝，胃裏卻感到焦燥得冒煙似的，房子也開始在旋轉，呼吸愈爲迫促起來，可是心裏並不知有什麼難過似的，只是迷迷糊糊。護理員看我們還沒有走，又來把我推到另一角落裏擺着，嘴裏依舊在催我們趕快離開。另一位穿着不同顏色，而這種顏色又是我叫不出名字的那種顏色的服裝的護理員，端莊地站得遠遠地投以同情的顧盼。

晚成弟焦躁地說：「這怎麼辦！」迫於無奈，我只好請他撥電話到趙府。炎公相慰：「沒有關係，很快便會辦好入院手續的，稍等一下。」晚成棣高高興興的從公共電話亭，三步兩跨的奔跑回來告訴了我；不一會，他們住院處的廖主任打電話到急診室說：「請設法先收下，並送他到第十六病房（腸胃科），明天再補辦手續。」當時我聽到這個好消息，如同沙漠中饑渴疲倦萬分的旅行者，驀然發現前面有淙淙流水，茵茵綠草的那麼歡欣，充滿着無窮的新希望。但是我又作如是念：「這次如果不是炎公的垂顧，恐怕今天晚上是我有生以來最長、最痛苦又最悲慘的一夜了！」

那次是有要事下山去臺北，原先我只準備最多逗留一、兩天遄返，故身邊什麼證件也沒有携帶。晚成棣白天在三軍大學教務處上班，他是該處的上校科長，又趕上他們學員應屆畢業考的時候，他是承辦部門的主管，好忙；那晚上他把我送到病房安置妥當以後，已快到凌晨一點了，明天早上八點還要去學校上班，我也催他趕快回去休息，眞累壞了他，雲情厚誼，銘感五中！

翌日上午，醫院上班沒多久，住院組派來一位先生爲我補辦住院手續，一看我什麼證明文件都沒有，也沒法辦，後來仍勞廖主任自己上病室來替我做保。

說起榮總住院組的這位廖建田主任，我不知應該如何感謝他才是！到如今我們彼此還不怎麼熟悉，見了面，恐怕他還無法叫出我的名字來。有一次邂逅於門診大樓電梯裏，因七、八年沒見面，他現在發福多了，乍看這位先生好像在什麼地方見過似的，正在忖度，拍嗒！電梯停了，六樓已到。走出電梯門後，才想起剛才那位是廖主任嘛！門診時間已到，當面錯過，不勝惆悵！

走筆至此，又想起了民國五十三年第一次住榮民總醫院的往事。那時我在新竹福嚴精舍自修，因病承蒙性梵法師慈悲，僱車護送我到榮總，找他一位在榮總擔任顧問的老同事，乃得順利住院治療。這要特別感謝性梵法師和他那位擔任顧問的老友。那次住院，也是先會同廖主任辦妥入院時的透視及化驗等手續的，記得從那次開始，廖主任屢次爲我幫了不少的忙。例如缺少什麼證件，身上臨時沒帶錢，這都是承他點頭後，我才可以進、出醫院的。尤其第一次住醫院（民國五十三年），人地生疏，幸遇上這位菩薩心腸的老好人，他帶我去照X光片子，並囑咐工作人員，一刻鐘要看片子，又派人先送我去病房。廖主任寬宏豁達，熱心助人，幫忙解決困難，普被患友衆等，屢叨勞駕，至感至謝！後來聽門診X光室的技師李家輝先生、中興大樓恢復室列護理長蕭海蘭二賢者，異口同聲地說：「我們這位廖主任古道熱腸，心地好善良好善良，誰找他都好，眞是一位道德君子。」當然，這些都是廖主任施予我的恩惠，但也是炎公德庇之所致。

復次，榮總的規模很大，部門很多，我幾次住院期的素食，乃至炎公往生以後住院，都是該院營養組組長李栯吾小同鄉鼎助得以償願。又病歷室李德順先生（故人舊雨）二十年來住院、門診，也叨他諸多照顧。另有李家輝先生和蕭海蘭賢者（十年前榮膺第一屆全國十大傑出青年的表揚），有關臨時優先門診、局部體檢暨其他檢驗或醫學上決疑，都是勞神他們幾位，雲情厚誼，統此禮敬。

那次住在榮總十六病房，炎公還特別吩咐其哲嗣佛重居士賢伉儷來醫院探疾。他們倆位都是公務員，白天都在公司、機關上班，早出晚歸，但那次他倆下班後，便先來醫院，因下班人車潮湧，途中躭誤很久，到達病房的時候，窗衣已黑，夜幕低垂。我還記得，他們夫婦是我那次住院，第一個來病房探視我的人，永銘心際！

## 四三、「榮總」夜話難忘

我那次腹瀉的次數太多，幸藥到病除，進入榮民總醫院，（簡稱「榮總」）的第二天晚上就已止住；但元氣大傷，不但消瘦得很，而且臉色蒼白，精神也分外疲倦，經過好多天，才慢慢的恢復過來。

有一天大清早，我在病房樓下甬道上散步，忽然見到照顧炎公的李志高先生迎面走來，深感詫異，據告：「昨天下午老太爺不大舒服，現在第一病房第七室。昨天來的時候，老太爺在車上吩咐：『光中法師住進醫院不久，他的病可能還沒完全好，不能給他曉得。』所以不敢到病房去看您，請原諒！」

那次炎公住院，不但我預先不知道，連其所有親友都不曉得，因爲大家都很忙，怕太驚動人了。但醫院的盧院長，覺得這樣責任太大，負不起。如是先請示他老，第三天下午才報告他們的主管趙主任委員；當天下班時，趙主委伉儷在盧院長、主任秘書、輔導組長、內科主任暨主治醫師等陪同下探省。詢問李志高先生有關炎公入院前後的飲食及起居情況甚詳。於是交代醫院先詳細檢查，再悉心治療。辭出時，天色已黑。

這次同他老在榮總足足住了十天的醫院，他老人家不大願意見客，連病房護理臺上的編號牌上，也只籠統的寫「趙先生」三個字，所以晝夜僅我共相盤桓外，其他很少有人相擾。起初我怕去的次數太多，冗長的談話，有擾精神，有一天晚上，見我沒去，卽差遣李志高先生找到我病房裏來，他說：「如尊恙確癒，老太爺很高興與您談話。」因此除白天外，晚間我們都要談到十一點半，我才回病房就寢。因爲每天晚上這個時候，他老開始佛教的晚課了。

據炎公說，主湘的後半期，他老人家才開始信佛教；其中因緣乃是深受一位虔誠奉佛的陸軍上校團長所影響。後來在長沙啟建仁王護國息災法會，請來一位西藏喇嘛蒞壇主法而皈依；並遵囑咐修滿《金剛藏》、《胎藏》兩部二座大法，持誦數十萬遍六字大明咒。信佛後，即茹長素。

迨寓居上海，適有西藏另一位金剛上師遊化京滬，因友好相勸，再行皈依，並蒙密咒加持，惠予方便，改以每月茹素十天，葷食二十天。這樣可以方便一些必要的應酬。那晚上炎公突然極爲感嘆地對我說：「從前在湖南（主湘）的時候，不曉得如何叫作功德，如今雖然已經曉得如何去做，唉！但是又辦不到了！」言簡意深，發人深省。

說起仁王護國息災法會這樁功德事項，溯自民國三十八年，中國佛教會跟隨政府播遷來臺，以迄民國六十一年他老生西以前的這段時期，中國佛教會屢次舉辦臺灣全省各寺院聯合於臺北市善導寺舉行千僧祈求國運昌隆， 總統福壽雙增、風調雨順、國泰民安，暨爲大陸死難同胞薦亡之仁王護國息災法會。歷年來，炎公均以中國佛教會常務理事名義出名推動。每次法會期中，四眾虔誠禮念，感應道交，瑞相呈祥，靈感顯現，得蒙 總統歡喜讚歎。每屆開壇日，輒請嚴副總統代表蒞壇拈香，或命緯國先生等前來參加禮佛，祈求國運昌隆、世界和平、人民安樂，暨大陸死難同胞離苦得樂。

復次，法會期中，每次拈香祈禱，固然是諸山長老主壇，曁參加法會之千僧一心皈命誦念禮懺，奉請祈禱之所致；但他老之眾望所歸，亦極爲要緊。是故每年舉辦此法會時，無論是籌備、開壇、圓滿等過程，均極順利，皆大歡喜。法會七永日，在此七天期中，他老於每枝香，不但必到，而且隨眾禮拜祈禱，冥陽兩利，法界蒙薰，大功大德，諸佛歡喜，眾生歡喜。

事非經過不知難，自其西歸後，中國佛教會洪永禎秘書長曾感慨的說：「中國佛教會這一年一度例行的仁王護國息災法會，雖然一切依舊，但是由於炎公長辭人世，每作起來，就不像從前那麼得心應手了！」由此可知其住世時之德高望重的殊勝了。

又有一個晚上，我們談到南嶽、上海，乃至今日臺灣佛教的情形。過去南嶽上上下下，諸大寺院，他老都是那裏的護法，每回桑梓，卽登山禮佛，倘有難處，無不代爲剪除。所以數十年來，南嶽道場清淨莊嚴，住眾修行辦道，嚴淨毘尼，修證殊多，道風之盛，遐邇咸知。

炎公談得高興的時候，哈哈笑着說：「光中法師！我同你很有緣！」我同他老人家確實是很有緣，其年齡比我幾乎要尊長一半，不但是三湘的老鄉長，而且是我俗家趙姓的尊長。但是我的俗家姓趙，一直到他老往生前大約半年多的一個下午，有一位東北籍的族長來趙府，一同討論在臺北擇地興修劉、張、關、趙四姓宗祠準備的幾項重要提案時，他老才知道，於是囑我加入宗親會。倘若我沒出家，當居晚輩；如今叨佛的恩光，厠身儕列，其不但一秉正信，依佛制執在家居士之禮，並視我為忘年之交。十載恩澤，誠難縷述！

炎公的平實、沒有派頭，由於具有不可名狀的慈祥親切感，使我每當去了，只要有時間，總要嘮叨半晌。每當談得高興的時候，也有時同我先師上航下律老人一樣，笑得眼睛瞇瞇的，口都合不攏來，我與他老人家可說是非常有緣啊！

前面已說過，炎公頗為念舊，在這裏我要再記述另一則事蹟。有一次談到南北戰爭時，問及我是什麼地方人？當然，已這麼多年了，從一口方言尾音上，就可辨識我是湘省人，但究竟是那一縣，可能他老人家還不大清楚。我說：「岳陽、新墻河附近的人。」他老說：「啊！你家就住在那裏呀！過去我在你的家鄉對河的湯家牌頭打過一次很激烈的仗哩！」據說那次酣戰中，他老的一位極為驍勇善戰，攻無不克，守無不固的陸軍上校團長，當敵人行將就殲時，不幸而為國殤！他老言念及此，雖然時隔四、五十年，猶不勝愴然！

時過子夜，他老說：「你很累了不？」答曰：「不累，陪老居士談話，感到高興，也很榮幸。」據李志高先生說：「老太爺若干年來，晚上都要十二點以後才安息。」總覺得他老這麼高齡，這次能和他老人家同在一家醫院住院，而且鎮日盤桓，可說是很難得很難得的機會。所以，每次總要聊到很晚，仍流連不捨離去。

## 四四、萬古仰完人

醫院裏在晚餐用過後，患友們一伙兒都到下面空曠處去透透空氣，溜達溜達。有一天，我躺在床上看《中央日報》副刊，值班蕭海蘭護理員送來一份印刷掛號，這是臺中廣益印書局寄來的拙編《玄奘大師傳》（現在三版，書名改爲《唐玄奘三藏傳史彙編》）初校改正稿，晚上帶去給炎公看，荷蒙垂詢甚詳，嘉勉備至。

並介紹說：「大師傳分爲正傳和附錄兩篇，內容分量幾與正傳等齊。而且把全文分成了段落，打上了標點符號，更正訛錯。首頁還綴有最近新塑之精印大師取經彩色像，暨西域取經略圖。資料豐富，分門別類，看起來很醒目，能幫助讀者們瞭解，堪爲現代玄奘大師傳最完美的版本。我們佛教已有一部這麼詳盡的大師傳記可供海內外的知識分子、學者們閱讀、參考；假使將來再有一部內容這麼豐富、文筆生動的白話文，通俗得連中小學生都看得懂的玄奘大師傳，使之普及社會，如同明朝吳承恩把玄奘大師神化了的神奇小說——《西遊記》那麼樣的深入民間，烙印人心，那就更爲完美，更爲理想了！」

並說：「道老晉山後不久，曾請師範大學的謝冰瑩居士執筆，當時她不但欣然承當，而且非常謙虛的說：『今生能有機會爲我們佛教界蜚聲中外，照澈古今的聖僧奘公寫傳，眞是受寵若驚，榮幸！榮幸！只怕自己的能力不够，寫不下來啊！』惜乎！她的腿折骨，從前在美國動手術不大理想，而且年邁不宜重整，時常隱隱作痛，需要常去榮總作物理治療。同時他那時準備要出國，怕躭擱得太久，已遵囑改請劉國香（圓香）居士發心。」

劉國香（圓香）居士是蜚聲佛教文壇，著作等身的法將，其所撰的這部傳，共三十萬言，僅費一年又四個月工夫（他是公務員，每天仍照常上班）即脫稿。劉居士稟賦甚厚，才兼內外，文筆雋逸，創意新穎，表達能力尤爲獨到。如今他這部名著《聖僧玄奘大師傳》已經出版，（今已出第五版）宛如家喻戶曉的《西遊記》，相互輝映文壇，而且緊跟着時序的流轉，遍灑在後生晚輩每個人的心田中茁壯長大。現在《聖傳》流通已逾十年，恨無法面陳寓目，京風初動，落葉知秋。有一次，我特地去新店五城墓前憑弔，亦將此大師傳帶去，藉以告慰，而表敬意。

## 四五、民族聖哲　中華國魂

過去拙編《玄奘大師傳》的時候，於整理資料及校對時，曾將《玄奘大師傳》看過幾次，當然比較熟悉；那天晚上，敍述傳中記載玄奘大師決志出一生之域，投身入萬死之地；孤征遠邁，仗策西征。曲女城無遮大會，十八國王禮敬爲師，乃至凱旋歸來日，京畿譯經，唐太宗優厚禮遇以及「天地變色，鳥獸哀鳴，物感及此，人悲可知」的喪禮——「國葬」。以上所說大師聖行諸般情形，如果逐一錄出，所佔篇幅太大，似不許可，（十卷），下面僅摘一二則，以饗讀者。

首先說明，當玄奘大師抵達高昌國時，國王麴文泰，不但肘步鳴足，傾珍供養；而且開大座禮請奘公於皇宮裏講經，國王恭敬跪伏於地，備作梯櫈，供師踐履而登。後來到達印度，入那爛陀寺留學，受到與國王等齊的十項優厚禮遇，盛極一時的五印霸主戒日王等十八國國王悉禮爲國師。尤其是學成回國時，王等於曲女城開十八天的無遮辯論大會，榮獲全勝，並參加戒日王於他京城舉行的七十五天無遮大施會，爲他們的國師——玄奘大師餞行。啟程之日，親率文武百官、黎庶，萬餘人出城十里送行。別後三日，又和拘摩羅王、杜魯婆跋吒王，各自率領幾百輕騎追上來，再護送數十里，然後備極傷感的與大師擁抱痛哭而別，同時又派摩訶怛羅（翻譯官）四人，三位國王，各寫很多介紹信護送，於是一帆風順的抵達中國邊疆。像他們三位國王，對我們這位凱旋榮歸的奘公大師，禮遇之隆，古今罕類。

唐太宗是我國三代以來雄才大略的君王，傳載：貞觀十九年，奘公謁太宗於洛陽宮，見於儀鸞殿，帝驚識奇才，迎慰甚厚，既而坐訖，廣問其事：自雪嶺之西，印度之境，玉燭和氣，物產風俗，八王故迹，四佛遺蹤，並博望之所不傳，斑馬無得而載。法師既親遊西域，觀覿疆邑，耳聞目覽，記憶無遺，隨問酬對，皆得條理。帝大悅，謂侍臣曰：「昔苻堅稱釋道安為神器，舉朝尊之。朕今觀法師詞論典雅，風節貞峻，非惟不愧古人，亦乃出之更遠。」時，趙國公長孫無忌對曰：「誠如聖旨，臣嘗讀三十國春秋，見敍安事，實高行博物之僧，但彼時佛法，來近經論未多，雖有鑽研，蓋其條葉非如法師躬窺淨域，討眾妙之源，究泥洹之跡者矣！」帝曰：「公言是也。」帝又謂法師曰：「佛國遐遠，靈跡法教，前史不能委詳，師既親覩，宜修一傳，以示未聞。」帝又察法師堪公輔之寄，因勸罷道，助秉俗務。法師謝曰：「玄奘少踐緇門，服膺佛道，玄宗是習，孔教未聞。今遣從俗，無異乘流之舟，使棄水而就陸，不唯無功，亦徒令腐敗也。願得畢身行道，以報國恩，玄奘之幸甚。」如是固辭，乃止。

時，帝將問罪遼濱，天下兵馬已會於洛，軍事忙迫，聞法師至，命引入朝，期暫相見，而淸言既交，遂不知日昃。趙國公長孫無忌奏稱：「法師停在鴻臚，日暮恐不及。」帝曰：「怱怱言猶未盡意，欲共師東行，省方觀俗，指麾之外，別更談敘，師意如何？」法師謝曰：「玄奘遠來，兼有疾疹，恐不堪陪駕。」帝曰：「師尙能孤遊絕域，今此行蓋同跬步，安足辭焉。」法師對曰：「陛下東征，六軍奉衛，罰亂國，誅賊臣，必有牧野之功，昆陽之捷。玄奘自度，終無裨助行陣之效，虛負塗路費損之慙；加以兵戎戰鬬，律制不得觀看，既佛有此言，不敢不奏，伏願天慈哀矜，卽玄奘幸甚。」帝信納而止。奘公大師不以帝王禮賢下士爲榮而婉謝了，其志行之高潔，誠不愧爲人天師表。

## 四六、唐太宗再度勸返俗

太宗認爲玄奘大師，不但學識淵博，儀韻淹深，言談舉止恭謹有禮，而且是一位古今罕類的奇才。曾兩度勸奘公返俗，共謀國家長治久安之大政，於是往於洛陽宮奉見之際，至是又言曰：

「昔堯舜禹湯之君，隆周炎漢之主，莫不以爲六合，務廣萬機事殷，兩目不能遍鑒，一心難爲獨察。是以周憑十亂（十位治國安邦之賢臣），舜託五臣，翼亮朝猷，弼諸邦國。彼明王聖主，猶仗羣賢，況朕寡闇，而不寄眾哲者也！意欲法師脫須菩提（卽袈裟）之染服，掛維摩詰之素衣，昇鉉路以陳謨，坐槐庭而論道，於意何如？」

法師對曰：

「陛下言六合務廣，三五之君，不能獨守，寄諸賢哲，共而成之。仲尼亦云：君失臣得，故君爲元首，臣爲股肱。玄奘謂此言將識中庸，非爲上智。若使有臣皆得，桀紂豈無臣耶？以此而推，不必由也。

仰惟陛下上智之君，一人紀綱，萬事自得其緒。況撫運以來，天地休平，中外寧晏，皆是陛下不荒不婬，不麗不侈，兢兢業業，雖休勿休，居安思危，爲善承天之所致也，餘何預哉！請辯二、三，以明其事。

陛下經緯八紘之略，驅駕英豪之才，剋定禍亂之功，崇闡雍熙之業，聰明文思之德，體元合極之姿，皆天之所授，無假於人，其義一也。

敦本棄末，尙仁尙禮，移澆（夏禹、商湯及周文王）風於季俗，反淳政於上皇，賦澄薄制（陝西省與河北省的一部），刑用輕典，九州四海，稟識懷生，俱沐恩波，咸遂安樂，此又聖心聖化，無假於人，其義二也。

至道旁通，深仁遠洽，東逾日域，西邁崑丘；南盡炎洲，北窮玄塞，彫蹄、鼻飲之俗，卉服、左衽之人，莫不候雨瞻風，稽顙屈膝，獻珍貢寶，充委夷邸，此又天威所感，無假於人，其義三也。

玁狁爲患，其來自久，五帝所不臣，三王所不制，遂使河洛爲被髮之野，酆鄗爲鳴鏑之場。中國陵遲，匈奴得志，殷周以來，不能攘弭；至漢武窮兵，衛、霍盡力，雖毀枝葉，根本猶存，自後已來，無聞良策；及陛下御圖，一征斯殄，傾巢倒穴，無復孑遺。

瀚海燕然之域（指貝加爾湖以北的外蒙），並入提封；單于弓騎之人，俱充臣妾。若言由臣，則虞夏已來，賢輔多矣，何因不獲？故知有道斯得，無假於人，其義四也。

高麗小蕃，失禮上國，隋帝總天下之師，三自征伐，攻城無傷半堞，掠卒不獲一人，虛喪六軍，狼狽而反。

陛下暫行將數萬騎，摧駐蹕之強陣，破遼蓋之堅城，振旅凱旋，俘馘三十萬眾。

用兵御將，其道不殊，隋以之亡，唐以之得，故知由主，無假於人，其義五也。

又如天地交泰，日月光華，和氣氤氳，慶雲紛郁，四靈見質，一角呈奇，白狼白狐，朱鷹朱草，昭彰雜沓，無量億千，不能徧舉，皆是應德而至，無假於人。乃欲比喻前王，寄功十亂，竊爲陛下不取。縱復須人，今亦伊、呂（商湯的名臣伊尹和周文王的名臣呂尚）多矣，玄奘庸陋，何足以預之！

至於守戒緇門，闡揚遺法，此其願也。伏乞天慈，終而不奪。」

霞煥錦舒，詞超象繫之表，聆聽之餘，帝甚悅，謂法師曰：

「師向所陳，並上玄垂祐，及宗廟之靈，卿士之力，朕安能致也！既欲敷揚妙道，亦不違高志，可努力；今日已後，亦當助師弘道。」

奘公眞是一位道制風飈，神傾海岳；貞操勁松筠，雅志陵金石；羣雄革慮，聖主廻光；高山斯仰，淸流是渴的一代大師。（出自拙編《玄奘大師傳》第一一七至一一九頁）

帝自詳覽奘公所譯之一百卷《瑜伽師地論》，覩其詞義宏遠，非從來所聞，歎謂侍臣曰：「朕觀佛經，譬猶瞻天俯海，莫測高深。法師能於異域，得是深法，朕比以軍國務殷，不及委尋佛教。而今觀之，宗源杳曠，靡知涯際；其儒道九流之典，猶汀瀅之池，方溟渤耳！而世云：三教齊致，此妄談也。」這是太宗自奘公凱旋歸來，御

覽佛經，深有所感，首次欽遲欽挹的口吻讚之。（傳一二〇頁）

## 四七、上表長安起雁塔

三年（永徽三年，西元六五二年奘公五十歲）春三月，法師欲於寺端門之陽，造石浮圖，安置西域所將經像。其意恐人代不常，經本散失，兼防火難。浮圖量高三十丈，擬顯大國之崇基，爲釋迦之故迹。將欲營築，附表聞奏。

敕使中書舍人李義府，報法師云：「所營塔功大，恐難卒成，宜用甎造，亦不願師辛苦，今已敕大內東宮掖庭等七宮亡人，衣物助師，足得成辦。」於是用甎，乃改就西院。

其塔基面，各一百四十尺，倣西域制度，不循此舊式也。塔有五級，并相輪露盤，凡高一百八十尺，層層中心，皆有舍利，或一千二千，凡一萬餘粒。

上層以石爲室，南面有兩碑，載二聖三藏聖教序、記。其書卽尚書右僕射河南公褚遂良之筆也。時，三藏親負簣畚，擔運甎石，首尾二周，功業斯畢。

## 四八、譯經偉業

顯慶五年春正月一日，起首翻《大般若經》，梵本總有二十萬頌。文旣廣大，學徒每請刪略。法師將順衆意，如羅什所翻，除繁去重。作此念已，於夜夢中，卽有極怖畏事，以相警誡，或見乘危履嶮，或見猛獸搏人，流汗顫慄，方得免脫。覺已驚懼，向諸衆說，還依廣翻。

夜中乃見諸佛菩薩，眉間放光，照觸已身，心意怡適。法師又自見手執花燈供養諸佛，或昇高座爲衆說法，多人圍繞，讚歎恭敬；或夢見有人奉以名菓，覺而喜慶，不敢更刪，一如梵本。

佛說此經，凡在四處：一、王舍城鷲峯山，二、給孤獨園，三、他化自在天王宮，四、王舍城竹林精舍。總一十六會，合爲一部。然法師於西域得三本（《原典》），到此翻譯之日，文有疑錯，卽校三本以定之。慇懃省覆，方乃著文。審愼之心，自古無比！或文乖旨奧，意有躊躇，必覺異境，似若有人，授以明決。情卽豁然，若披雲覩日。自云：「如此悟處，豈奘淺懷所通？並是諸佛菩薩所冥加耳。」

經之初會，有《嚴淨佛土品》，中說諸菩薩摩訶薩衆，爲般若波羅蜜故，以神通願力，盛大千界上妙珍寶，諸妙香花，百味飲食，衣服音樂，隨意所生，五塵妙境，種種供養，嚴說法處。時玉華寺主慧德，及翻經僧嘉尙，其夜同夢見玉華寺內，廣博嚴淨，綺飾莊嚴，幢帳寶輿，華幡伎樂，盈滿寺中；又見無量僧眾，手執華蓋，如前供具，共來供養《大般若經》；寺內衢巷墻壁，皆莊綺飾，地積名華，眾共履踐，至翻經院，其院倍加勝妙，如經所載，寶莊嚴土。

至龍朔三年冬十月二十三日，方乃絕筆，合成六百卷，稱為《大般若經》焉。合掌歡喜，告徒眾曰：「此經於此地有緣，玄奘來此玉華寺者，經之力也。向在京師，諸緣牽亂，豈有了時！今得終訖，並是諸佛冥加，龍天擁祐。此乃鎮國之典，人天大寶，徒眾宜各踴躍欣慶。」

法師又云：「玄奘一生以來，所修福慧，準斯相貌，欲似功不唐捐，信知佛教因果，並不虛也。」遂命嘉尚法師，具錄所翻經論，合七十四部，總一千三百三十五卷；又錄造俱胝畫像、彌勒像各一千幀；又造塑像十俱胝；又寫《能斷般若》、《藥師》、《六門陀羅尼》等經各一千部。（以上出自拙編《玄奘大師傳》卷十）

## 四九、國　葬

麟德元年二月玉花宮圓寂，帝聞之，哀慟傷感，為之罷朝，歎曰：「朕失國寶矣！」

時文武宰僚，莫不悲哽流涕。

帝言已，嗚咽悲不能勝。翌日，又謂羣臣曰：

「惜哉！朕國內失玄奘師一人，可謂釋眾梁摧矣！四生無導矣！亦何異於苦海方濶，舟檝遽沉，闇室猶昏，燈炬斯掩！」

帝言已，嗟惋不止。至其月二十六日下敕曰：

「竇師倫所奏，玉華寺大德僧玄奘法師已亡，葬事所須，並令官給（國葬）。」

至三月十五日，又有敕曰：

「玉華寺故大德玄奘法師葬日，宜聽京城僧尼造幢蓋送至墓所。法師道茂德高，爲明時痛惜，故於亡後，重疊降恩，求之古人，無比此也。」

於是門人遵其遺命，以蘧篨爲輿，奉神柩還京，安置慈恩寺翻經堂內。弟子數百人，哀號動地，京城道俗，奔赴哭泣，日數百千。以四月十四日，將葬滻東，都內僧尼及諸士庶，共造殯送之儀，素蓋幡幢，泥洹帳輿，金棺銀槨，娑羅樹等，五百餘事，布之街衢；連雲接漢，悲笳悽挽，響帀穹宇。而京邑及諸州五百里內，送者百餘萬人。雖復喪事華整，而法師神柩，仍在蘧篨本輿。

東市絹行，用繒綵三千疋，結作涅槃輿，兼以華珮莊嚴，極爲殊妙，請安法師神柩。門徒等恐虧師素志，因止之。乃以法師三衣，及國家所施百金之衲，置以前行，籧篨輿次其後，觀者莫不流淚哽塞。是日緇素，宿於墓所者，三萬餘人。十五日旦，掩坎訖，卽於墓所設無遮會而散。

是時天地變色，鳥獸鳴哀；物感旣然，則人悲可悉。皆言愛河尙淼，慈舟遽沉；永夜猶昏，慧燈光滅。攀戀之痛，如亡眼目，不直比之山頹木壞而已，惜哉！

又北宮現疾之時，徵慶繁縟。將終之日，色貌敷愉，亦難得而測也。及終後月餘日，有人賷栴檀末香至，請依西國法，用塗三藏身，眾咸莫之許。其人作色曰：

『弟子別奉進止，師等若不許，請錄狀以聞。』

眾從之。及開棺發殮已，人覺異香，等蓮華之氣，互相驚問，皆云若茲。向人除併殮衣，唯留襯服，眾覩三藏，貌如生平，人皆號絕。共視向人，塗香服殮蓋棺已，俄失所在，眾疑天人焉。余考三藏夙心，稽其近迹，自非摩訶薩埵，其孰若之乎！曰我同儔，幸希景仰。勗哉！」（出自拙編《玄奘大師傳》卷十）

奘公圓寂後，西明寺的上座道宣律師（佛教『經』『律』『論』三藏中的律師，非今日承辦法律業務的律師），有感神之德，至乾封年中，見有神現，自云：「弟子是韋將軍，諸天之子，主領鬼神，如來欲入涅槃，敕弟子護瞻部（我們這個世界）遺法比丘，見師戒行清嚴，留心『律部』，四方有疑，皆來諮決……。」

宣師又問法師，神答云：「如奘師一人，九生以來，備修福慧辯才，於贍部洲脂那國，常爲第一，福德亦然，其所翻譯，文質相兼，無違梵本，由善業力，今見生覩史多天，慈氏內眾，聞法悟解，更不來人間。」神授語訖，辭別而還。宣因別記，見西明寺藏。據此而言，自非法師高才懿德，乃神明知之，豈凡情所測度。（出自拙編《玄奘大師傳》第一九四頁）。

## 五〇、靈骨迎歸國土

我提到道老這次已在日本託人設法尋找到抗戰期中，於南京雨花臺發現大師靈骨之《玄奘大師靈骨發掘經過、奉移暨頌聖集合刊本》（民國六十三年刊印，贈閱三千本），以後我們對大師靈骨發掘奉移諸情形，就有詳盡的史實根據了。他老聞悉之餘，歡喜無量，後來又將大師靈骨歸國的眞實事蹟相告。下面就是我與炎公同住榮總的一個晚上，親聆娓娓道來。

民國四十二年秋間，世界佛教聯誼會第二次大會於東京召開，中國佛教會組團遴派章嘉大師、印順導師及趙恒惕、李子寬、李添春三位老居士，一行五人，前往出席會議。

當會議行將閉幕的一個晚上，忽然旅社的侍應生通知說：「樓下有一位先生要謁訪這裏一位趙恒惕老先生。」經說明來意，原來是當年在南京雨花臺大報恩寺故址發現玄奘大師靈骨的主持人高森隆介氏，他從前任日本戰爭派遣軍弘法總團主席，其德學之高，聲譽之隆，亦可知矣。

據說他頭天下午才得到消息，獲知炎公此次奉使來東京出席會議，故特從家中兼程趕來拜謁。雖然素昧平生，想來他對炎公的崇敬，毋待言說；否則，日本也是一個佛教國家，而且高森是日本的知名之士，怎麼會望風而馳，專誠求見呢？可見炎公其不但備受國人的崇敬，而且國外人士亦欽挹有加，這固然是他老個人的殊榮，亦是國家的光采。

高森先生說：「爲了表達崇敬之意，願將玄奘大師靈骨一部分，奉贈與你老私人供養，以期仗大師之威靈，嘉惠於你老，千祥如意，福慧莊嚴。我某藉申欽遲，而酬夙願。」他當初的來意，並不是想要餽送給別人或政府機關或人民團體。

當時炎公除表極爲心領並深致讚歎及謝意外，且曾建議：「玄奘大師是一位亘古僅有的聖僧，靈骨應奉爲國有。尤爲敦厚貴我兩國邦交，增進日、華佛教友誼，請改以貴國佛教會名義歸還我國建塔供奉爲妥當。蓋國之徵祥，而永垂嘉話，大功大德，愈臻宏深。」

高森先生聆聽之餘，不但極表贊成，對於他老公爾忘私（無我）的精神，以及宏廓的襟懷，尤爲欽佩，因而連聲浩嘆：「相見恨晚！」曾一再懇邀延期賦歸，俾能略盡地主之誼，並擬陪同赴謙倉、奈良作舊地之重遊，藉此商榷大師靈骨還歸事宜。但因隨團奉使，故仍如期返國。

炎公隨團回臺後，卽將此事走告內政部長暨章嘉大師，並促亟組團赴日將大師靈骨迎歸國土，高森先生倒是古道熱腸，數度馳函相催。乃於民國四十四年十一月迎歸國土。

他老由於受佛學的薰陶幾十年，暨歷年來虔誠的奉持密咒，頗有成就。平日於名、利，總是設法廻避，且視之如艸芥，棄之如敝屣，從不居功、炫耀、揄揚，甚或自讚毀他。這種涵養工夫，一般人很不容易做得到的。

## 五一、謙光盛德　澤及無窮

有一次，坐在七號病房裏面，開始談話時，我問他老：「聽說榮民總醫院每天廿四小時的開支費用，一切都算上，共要二十多萬元新臺幣。」相告：「這麼大的一個醫院，那是要的囉！這種性質而規模又這麼龐大的醫院，只有國家辦得起，私人是沒有辦法的。」說完這話，他老從平椅上換坐到搖椅上，又對我說：「你看這個醫院這麼大，要方便多少人！尤其退了役的，沒有錢也能住進來，有關醫藥、食宿都是政府負擔，每月還發給零用金，公家對榮民眞是照顧得好極了啊！

此外，還設有好多個分院，好多個農場、工廠、公司，乃至好些附設公益機構；還有一個其大無比的榮工處，我國一些大的建設工程，幾乎全由他們承包，而且還承包國外工程，幾徧全球。你看這些年來，主任委員爲榮民的安居就業，以及對國家的各項建設，眞是辦了不少的事，很了不起啊！」炎公把話說完，高興得哈哈大笑，我也笑了。

我說：「從孟完先生這些年來，在輔導會的卓越表現，斐然的成就來看，他眞是一位頂天立地，堪當大任的俊傑之才。不過也是託你老人家的福哩！」他老聽了我的話，立刻臉上呈現一種驚惶不安的樣子，連忙說：「快莫這個樣子說呀！我根本沒有幫過他一點忙。可憐他父親去世得早，他的母親很了不起，辛辛苦苦的把他撫養帶大；他能有今日的成就，完全是憑他自己的聰明才智和自強不息的精神奮鬪出來的。我在湖南的時候，連一點也沒照顧他們家裏，如今時常想起，眞對他不起喲！」炎公對任何人，態度、語言上都是那麼樣的誠懇、謙遜、平實、藹然。從這幾句答話中，更體會到他老之所以受到國人普遍崇敬，這是德範永昭的另一面。

炎公西歸時，孟完先生曾於中央日報上披露的那篇有血有淚，等於李密的〈陳情表〉，文情並茂有過之而無不及的〈哭午叔〉一文，就知道生平蒙受炎公的恩澤深厚，但也更可知道孟完先生對他老極爲孝敬。

復次，他老住世時，擬請輔導會餽贈玄奘寺地毯一事，念茲在茲。西歸後，佛重居士每念及此，殊爲不安，乃由其發端，孟完先生遵遺命，餽送玄奘寺大殿一巨幅地毯，由本寺提供圖案，請該會中壢地毯公司承製，中央織有蓮池海會的九品蓮花圖案的高級眞羊毛地毯，莊嚴道場，而壯觀瞻。這當然是孟完先生愼終佛重居士追遠，孝敬之心的表現，也是炎公福德庇蔭本寺的一面哩！

玄奘寺的香（遊）客，各階層的人都有，尤其是遊覽車隊來到，有時小孩子特別多。這些小傢伙看見了鮮艷奪目而又這麼大塊這麼漂亮的地毯，大殿及庭院又這麼寬敞，一竄進來，高興得倒在地毯上滾過來，滾過去，好像滿塘蝦蟆在叫，吵得要命。

當一窩蜂收兵上車以後，地毯上的黃泥土、瓜子殼、糖菓紙屑，應有盡有。這麼高級的地毯，經常讓這些頑皮的孩子們不曉得愛惜，這樣蹧踏下去，實在可惜得很。同時這種地毯最怕火，倘若香客們不小心點香時，把火花掉在上面，便會立刻燒一個洞。

爲了顧慮到這些嚴重問題，使它保存得更爲久遠，於是把它搬到前面丹墀曝晒了兩天，打掃乾淨後，擡到二樓觀音菩薩供龕前的木壇上面敷設，既隔潮濕，也不怕火及小孩子們來踐踏了。我離開玄奘寺時，一直都鋪在那裏沒動，只要沒有意外損壞，可以保存得很久。這也是給炎公暨孟完先生、佛重居士，乃至輔導會，在玄奘寺留下了一個永恒的紀念。

復次，孟完先生昆玉，爲崇敬民族聖哲玄奘大師，沐手各書撰名聯恭讚大師，趙主任委員一聯是：「從殊域得正法妙典而還，備經不盡奇艱，弘願至誠昭萬古；當舉世方沸沉陸之會，期藉無邊佛力，覺迷銷刼拯羣生。」作成一副長條木匾懸於本寺玄奘殿上端大師像供龕兩旁的圓柱上，黑漆底、金字，金碧輝煌，備極莊嚴。佛重居士聯云：「辯才噤萬口無聲，靈爽歸來，城外寒潭迎聖骨；禪唱徧四天皆應，慈暉永駐，濤頭孤艇接圓音。」（李漁叔先生撰）懸掛在三樓大師靈骨塔中央前端圓柱上。以其見賢思齊，啟廸來玆，而誌紀念。

這十天的住院時間，每見早粥後，炎公必寫日記。據李先生告知：「老太爺的日記，從未停過，再沒有可記，總多多少少要寫上一二行。」呵！一個偉人的成功，不是偶然的。

## 五二、羅什才華龍樹悲

連日風和雨，今朝乍放晴；園中花灼灼，枝頭鳥嚶嚶。北部二三月裏雨季，顯得分外煦和可愛。炎公、李先生，我們三人坐在空曠的院子裏草地上晒太陽。

炎公突然向我發問：「我們人的心中最感困擾的是什麼？」答：「煩惱。」「怎麼呢？」答：「它蠱惑身心，侵蝕毒害我們生命最爲劇烈，然而一般人卻難以覺察得到，那就是極爲可怕的東西——煩惱。佛說：沒有敵人能比自己的貪婪、憎恨、嫉忌等思想更能戕害自己。」「光中法師！你在山上住了這麼久，做了些什麼？」答「煮飯、種菜。」「你的修持呢？」這是他老慈悲，明知故問，答：「這就是道，道就在這裏。」

「佛法中的『空』『有』含義是什麼？」答：「老居士啊！世尊住世，說法四十九年，無不是說空說有；三藏十二部，也都是闡述這兩大問題，說不勝說。」後來我根據《阿含》、《中觀》等經論的義理，掛一漏萬的說了一點，並說：「因我離開茅蓬的時間還很短，腦子裏還沒有完全忘掉。其實這都是拾人牙慧，不是自己悟出來的；尤其剛才說的一點點比其他學派（家）要突出一點的《中觀》義理，完全是出自印公導師有代表作之稱的《中觀今論》裏面中論思想的脈絡，以及過去印公授課講經的一鱗半爪，我還記得那麼一些些。」

炎公說：「印順法師對教理探討得很透徹了？」我說：「如說是一枝獨秀，但臺灣的大德長老還很多，未免武斷了一點。他雖沒有八宗並宏，但尊稱他爲『三藏法師』是當之無愧的。印公一生對《中觀》特別有緣，聽說他老一踏入佛門，開始（有意無意從藏經樓的經櫃裏隨手拈來）就從《中觀論》這部論看起，不但一看就懂，而且感覺如同複習似的——宿根（《中論》序言）。印公導師如今有關中觀三論的造詣，不但在臺灣，就是世界佛教文壇上，也居於舉足輕重的地位，故備受東南亞佛學家的推崇。」炎公說：「印順法師體解的成就如此弘深，眞不愧爲當代高僧！這是當今佛教的光榮，眾生的幸福。」

按印公導師著作等身，不但於內典精湛深入，而且對世學靡不詳其要津，採擷玄冲。例如數年前由華岡出版社發行的《中國古代民族神話與文化之研究》，這種純學術性又是冷門的巨著。又側聞如今印公導師的法體愈趨康健，終年杜門不出，從事著述，將來他的這些新著，必將大放異彩、照澈寰宇。

## 五三、久與賢人處則無過

這次在榮總同他老一起住院，深深感到這是我生平最愉快，而且是終生難忘的一件大事。這些日子，晝夜盤桓，佛法、世法談了很多，也增長了不少的見識。如果不是如此接近，怎麼知道他老人家是一位儒將，不但克紹儒宗，旁及老莊，而且深探內典，眞是一位才兼內外的大德長者。莊子云：「久與賢人處則無過。」住院時請益殊多，以後我略略留心莊周之學，完全是承蒙炎公的指點、黽勉所致。

《莊子》是一本光輝燦爛，極具內涵的著作。例如逍遙遊——物化——天人合一，這是他最高層次的理想歸趣。倘從精神價值觀點上來說，這也是他思想與精神的根基；內聖外王爲其體用；坐忘齋心爲其方便。義理泓深，文字汪洋諔詭，因爲《莊子》一書是莊子精神經驗顚峯的結晶——論道學，裏面的隱語、象徵語言，滿佈諸篇。所以讀《莊子》，不但要細讀，而且要精讀，所謂：「必須深入文字中，方可出於文字外。」其實不但要精讀，更應諸多體會、深省。如能以這種精神和方法讀《莊子》，則不但可窺全豹，尤趣妙湛義理。

老子時代的《道德經》中，對一些意境義理高處的地方，由於文字語言的功能笨拙，他最多只能用「玄之又玄，眾妙之門。」——「不可說」，「不可說」作爲交代。可是到了莊子時代，他把那些不可說的那些不可說，運用睿智焱慧的靈光，打開封閉的一面，而突破文字語言的藩籬，很善巧的把它表達得淋漓盡致。所以近代的學者說：「《莊子》是我國寫得最好的一本書——古今絕唱」，我覺得每一個中國的知識份子都應該最少要精讀《莊子》的〈人間世〉、〈德充符〉這兩篇，裨益匪淺。

最近我在臺北淡水英專路逛圖書供應最全備的普門書局，見到了一本新近出版的明朝憨山大師的《莊子內篇憨山註》。憨公是一位開悟見性了的禪師，從他性海流露出來的作品，當然更上一層樓，如今市面流通幾十家註疏本，無出其右。凡是讀過這本書的人，料必同有此感。復次，另見到新近再版的《莊子新釋》，張默生著，文筆簡潔、洗練、雋永，表達的方法不錯，並且只用很少數的文句，能把一些艱澀、詼詭的地方鈎繪出來。這是白話文注解中具有分量的一本書，也是初讀《莊子》的入門書。

## 五四、夷午詩園摘錄

炎公晚年偶以詩句自娛，別具勝慨，謹錄數則。（錄自《趙資政墨寶》一書）

〈漫興（步張劍芬韻）〉

天地為廬海作盂，人人皆具眼中珠；如來示我非窮子，寶殿琳宮德不孤。

梵宇深藏路幾重，四圍積翠萬長松；月明風動蒼龍舞，激起僧鳴午夜鐘。

〈遊獅頭山〉

重岡壁立萬山中，玉殿簷飛鳳翥同；瀰望葱籠成翠宇，頻聞鐘磬響花叢。崖原深廣常藏寺，龍象廻環數擁宮；莫謂昂頭耽碧海，會當大吼懾羣雄。

〈笑棠居士請溥心畬先生精書金剛經，為其太夫人祈福屬題。〉

十年避亂居東海，白雲回首親廬在，枕上斑痕久未乾，夢中顏色長無改。金經手寫倩王孫，為報親恩乞佛恩；親佛在心原不二，光明永護北堂萱。

〈劍芬居士收購並裝潢拙致譚畏公函百餘簡，復綴以大作見貽，率成誌感。〉

隆儀豈止重連城，鰲戴三山莫與京；遲暮懼逢溫舊夢，艱貞喜幸獲同聲。格天誠信慙無力，濟世經綸苦獨撐；學養未深承大任，逆潮每易誤航程。

〈南山寺無量壽放生池徵詞〉

肇錫佳名無量壽，八功德水今成就；蓬萊清淺久揚塵，此池獨占江山秀。剪剪銀雲逐浪回，渚蓮無數一齊開；萬年合有天龍護，不與昆明共刼灰。

〈壽張劍芬居士五十〉

天生神慧世無儔，未冠曾權百里侯；射策冠軍如拾芥，宣猷行化若傳郵。眞空徹悟泯塵境，種智將圓入聖流；儒釋兼融功德備，方中麗日耀神州。

〈題嚴笑棠先生網溪艸堂圖〉

遠山涵翠抱溪流，隱隱江村踞上流；曲徑煙霞生海市，連雲縹帙壯岑樓。摩娑釣渚先疇古，眷戀庭幃逝水悠，幻此仙居饒勝慨，何如松菊故園秋。

〈抒懷〉

來依椰雨蕉風地，喜近收京破虜年；南渡舊聞譏晉宋，北酋曾見劃幽燕。

〈壽何應欽上將七十〉

遇合雲龍景運開，扶時眞見異人來；身經百戰居元輔，德應中興起霸才。定命訏謨昭日月，受降威惠走風雷；斗南今夜星光燦，正照將軍射獵回。

〈蔣主任經國五十壽〉

詩禮承家不世見，況值玄黃酣血戰；丹忱報國孝卽忠，鼎鼎蔚作邦之彥。趨庭明訓揚芬芳，葱葱鬱鬱騰光鋩；薄海蒼生望霖雨，默贊新運殊未央。英才卓犖兼文武，今運巨靈移太魯；蓽路藍縷鑱鴻荒，會見奇功媲神禹。以天下養綿千春，慈光浴日天中行；荷薪貞幹家國事，巨觥衍慶百年新。

〈辛卯上巳，臺北賓館禊集，分韻得連字。〉

身共高鴻戾遠天，蔽空樓櫓尙雲連；來依復國中興地，喜近收京奏凱年。諸將豈今無郭李，羣奸寧久據幽燕，如山塵垢須湔祓，不用臨流感逝川。

風和日暖暮春天，池館玲瓏翠岫連；趣舍萬殊緣對境，彭殤皆妄是齊年。會稽餘甲曾興越，卽墨孤軍且敗燕；自古殷憂開世運，行看雷雨動山川。

〈奉酬韜園、默君兩先生邀遊陽明山看花，並簡同遊含、槐二老，味辛、叔儻、子若、漁叔諸詩家。〉

天開寥宇起龍蟠，勝地春晴攬轡看，四面林深青作障，萬花叢簇錦爲欄。平濠事業懷新建，禦寇雍容憶謝安；海內杜鵑紅欲墜，歸心恨不躡飛鸞。

〈次韜園、默君兩先生示和陳含老陽明山看花原韵。〉

紅杏蒼松俯綠坡，微風時引異香過；如雲仕女頻相問，詩句何如笑語多。

乾坤妙化起氤氳，萬象繽紛燦若雲；倩影花光相映麗，一時人物兩難分。
風和日麗燕飛斜，桃李無言正作花；更有杜鵑紅似錦，幾疑人在赤城霞。
碧淨無塵喜見苔，青光射處彩雲開，樂遊不覺忘饑渴，詞主頻催入席來。
蜀客哀時載酒吟，登高野望舊酤斟；少陵詩句雄千古，字字毋忘故國心。
人民城郭亦皆非，惆悵中原淚滿衣，駐馬芳郊時展望，孤懷欲逐海雲歸。

〈題闞漢騫先生冊頁〉

水土平成萬世功，摩挲岣嶁想雄風，將軍健筆追神禹，腕底能通造化工。
巨觥引罷墨飛瀋，尺幅平伸鐵畫沙；已奪千秋懷素席，淋漓眞氣走龍蛇。

## 五五、遺範青年學子

炎公對青年學子，愛如瓌寶。有一次我帶着蔣企臺（碩士）和傅獻堂（臺灣日報副總編輯）兩位居士拜見他老，那時候他們都還是大二、大三的學生，見了炎公，如春風拂面，垂蒙嘉勉備至，眞是又驚又喜，有一種受寵若驚的感覺。辭出，他倆不勝愜意的說：「這位老人家謙光可掬，這麼樣的慈祥、親切，令我畢生難忘！我們二十歲的今天，託師父的福，能見到這位盛德謙光的稀世人瑞，何啻三生之幸！」

他老對青年學子不但如此慈悲、謙虛、禮遇，就連寫給令侄孫沛明、可南二賢者（孟完先生負笈美國的公子）的信，每當稱呼你的「你」字，炎公都是要把它空一格子才寫（請參閱《趙夷午先生手扎》最後兩封長函），不但如此，平日他老對年輕的一輩也都稱兄弟。古德云：「竹子愈高，愈能彎腰。」古德又說：「莫輕後學。」俗云：「後生可畏、未來的主人翁。」誠然，他們個個端爲未來國家堪當大任的英俊之才。

## 五六、龍驤嘯叱的英才

記得有一天上午，我去北投趙府看炎公，進門時，他老人家因事在房裏還沒出來，伺侍者李志高先生告訴我稍等一下。我獨坐客廳，隨手在面前的玻璃板桌面的小茶儿放書報的地方，拿起一本陸軍總司令部贈閱品——《中華民國六十年陸軍建軍專集》——翻開來第二篇文章，是楊敬斌學長寫的，日久那題目已記不起來了，不過他那篇大作，確是費了一點腦筋，也寫的很長，堪爲「青選」。

一會兒，炎公踱出，斅座而坐。詢云：「你看的是什麼？」相告：「這部書郵差剛送來，是陸總部贈送你老人家的。」接着我把書移置面前，指着說：「這一篇文章是楊敬斌寫的，敬斌有來拜見過你老人家沒有？還記得他嗎？」

炎公說：「從來沒聽說過，腦子裏面連一點影子都沒有，他是誰？」我逐一道來，他老聽得驚喜備至，一股子勁，笑瞇瞇的，最後還懷着無比期待的心情相囑：「噢，我們湖南又出了一位龍驤嘯叱的英才，你看我還不曉得哩！國家之幸，瀟湘之光！好極了！好極了！將來大有發達，大有成就；以後等他到臺北來時，你帶他來，我要看看他。」

我說：「好的。」炎公生平對後生晚輩總是那麼的垂諸愛護，勗勉有加。像這種情形。平日也很多，我們從《趙夷午先生手札》一書裏面，昔日他老致前國防部長蔣經國先生，臺灣省主席黃達雲先生，乃至黃少谷、唐縱、張岳軍、張劍芬以及令阮孟完等諸位先生的書函信札中，亦可窺見其對來玆，廣樹慈悲，關注、憫恤、獎掖的景行。

敬斌兄是我小時候的同學，比我尊長一歲。曾負笈陸大、參大、三軍大學，成績優異，都是應屆的狀元，總統曾傳見三次，更蒙過去國防部長俞大維先生的備極賞識器重；誠然，他是一位堪當國家重任的棟樑之才。

當他的痼疾——險心症，愈來愈嚴重時，俞部長專程從美國請來一位第一流的心臟科權威，又向琉球那霸基地陸軍醫院借來一套世界最新型的心臟手術器材，二十年前的那個時候，國防部專爲他那一次剖切心臟的手術，用去了新臺幣踰十五萬元。手術經過情形非常良好，後來發福多了，魁梧多了，不到半年功夫，簡直判若兩人，人人爲他慶幸，人人爲他祝福。

過去道安法師的秘書黃景岳先生（十五年前於國防部上校退役），他們是湖南武岡軍校（二分校）同期同隊的同學，而且來臺以後進三次學校也都是同學。他說：「敬斌眞是一個怪人，在學校裏因爲身體不好，從不見他翻過書本；尤其是將校班都是短期訓練，功課好緊張，同學們都忙得要命，他卻在忙着熬藥，也沒見他上過一堂課；可是考試的時候，他都是得第一名。咳！你看怪不怪！」所以以後我們每談起敬斌，不但讚不絕口，而且五體投地的欽佩他這位雄才大略，英明俊傑的學長。

## 五七、舊病觸發　國失英才

惟我自出家以後，就沒有同他通過信，也沒有再去桃園、中壢、宋屋居易新村看過他了。還記得十年前我環島行脚，一度門前路過，只是得便託他一位解甲經商的老部下代爲問候，沒去看他，偶爾寄一兩本佛書給他看看。那時候他榮膺步兵學校校長

（本來國防部發表他出任陸軍官校校長的人事命令已印好了的時候，他家人知道了，因那時心臟還沒動手術，體力很差，便立刻請劉玉章司令官去把他壓住，調換輕鬆一些的工作，他這纔去步兵學校）、×軍軍長等職，防次南部基地，運籌帷幄，軍務旁午。雖然他有時因公來臺北，但是我卻遠在日月潭玄奘寺，緣慳，始終沒有這麼一個機會得以引見炎公，甚憾！

當他榮膺陸軍第二兵團中將副司令行將晉升該兵團司令的那年晚春，嗟乎！天不假年，舊病復發，為國早殤！去世沒幾天，他二分校的同學、前三軍大學戰爭學院教務處李處長說：「敬斌的責任感實在太重了，自己的身體又這麼不好，我不知勸過他多少次。這次是某一個下午，他們的司令不在，由他主持兵團部軍事會議，一連幾個鐘頭，健康人也吃不消！果然，行將散會，痼疾觸發，幾個人連忙搶先上去，把他從主席席位上攙扶下來，送往三軍總醫院。好人命不長，走得太早，可惜！可惜！他的死，可說是我們國家的一大不幸！」不過曾聽他的未亡人黃琪美居士說：「敬斌動那次心臟手術穩定了以後，那位美國醫師賦歸時，曾告訴過她：『楊將軍的手術雖然非常成功，但是，不瞞妳說，只能保持十年的壽命。』不過他後來撐到第十五年以後，才一病不起。」又聽黃琪美居士說：「敬斌在當師長以前的那十多年，他只回家來過過一次春節，平常更是很難得回家一趟。」基於以上所說，他是一位盡忠職守，公而忘私，爲國劬勞，古今罕匹的將領。他之與世長辭，誠爲國家的莫大損失！

他的追思會那天清晨近六點時分，天還不怎麼亮，因頭一天夜晚，我參加他們家屬守靈，我見到第一位追悼貴賓，國防部長經國先生，懷着滿腔的傷感，踏着沉重的脚步，蒞臨靈前上香、獻花、獻菓，備致哀思，並撫慰遺孤。追悼會開始，將星雲集，備極哀榮。總統亦頒賜「忠勳著績」的橫額悼念。我輓他的聯語是：「曾與同鄉同學同袍，諳知熟讀龍韜，統率貔貅（三軍）期復國；正當念佛念法念僧，欻聽長辭虎帳，急敲魚磬荐忠魂。」悲乎！無常迅速，人天永訣，音容宛在，曷傷情懷！

## 五八、遵遺命追隨　蔣總統

成吉斯汗的第廿九代後裔包宏業先生，我於民國六十年仲冬，承日月潭涵碧樓施主任介紹於玄奘寺認識的。

他住臺北郊區，從一條小巷子進去，還要拐一兩個彎，才能到他住的地方。他的寓宅並不是高樓大厦，更不是花園洋房，而是依靠在一戶人家屋邊，搭的一個半爿柵子式的房子。房間寬度，倘把雙人床擺下，就幾乎沒有回轉的餘地了。還有房門外另搭的那一間小厨房裏擺了一個水泥製的煤球爐子，一個小洗菜臺，上面擱着一個克難作成的小小碗櫃，體積可能只有兩三個木肥皂箱子那麼一點點大。除掉這些家具佔去的空間以外，那間小厨房裏，天晴倒還勉強湊合，但不知天雨時怎麼做飯的。由於住宅是如此的簡陋，所以他不喜歡有人去登門拜訪。

他的母親是東北人，他在東北生長，接受漢人教育，因此在氣質和風度上很像北方人，耿直、豪爽、寬容、端重，絲毫沒有紈袴習氣。說來他的信仰雖與我不同，但我們很談得來，過去我在玄奘寺的時候，每年暑假，他們伉儷去日月潭度假一個月，經常去玄奘寺盤桓。有時同錢地之教授連袂來寺小住。

我有一次去他家裏的時候，問他：「來此住了多久？」他豎起右手食指惆悵地說：「唉！已足足十年了！」另一次徵得他的同意，曾陪道老去看過他一次。辭出以後，道老說：「這位包先生了不起！」包先生秉性至孝，民國四十八遵其先父遺囑：「你去追隨　蔣總統。」遂由港攜眷來臺。

他太太曾在某私立高中教國文。包先生少年得志，昔於蒙古，二十餘歲掛帥，任少將騎兵旅旅長，刻任職於中央機構。體格雄健，好游泳，可橫渡往返日月潭，其養生之道是「少欲知足，隨遇而安。」惟一念念不忘的是：「我父親臨終吋囑，要我到

臺灣來跟隨 蔣總統，如今十年了，總統可能還不知道我們家有人在臺灣哩！」每念及此，感慨系之！當炎公往生前半年許，我特地爲他引見並將其境況詳爲陳述，炎公極爲同情地說：「等我精神好一點的時候，我會去見 總統，報告你的情形。」以後他老還向我提過兩次，也很欽佩他這種精神和修養。只是炎公以後常在病中，雖未竟事功，但仍掛在心頭，而且寄予無限的同情與體卹。

## 五九、隨類現身說法

有一次在北投，遇到一位知月師（以下簡稱月師），她是廿年前於臺北・汐止・彌勒內院慈航菩薩（我的師公，以下稱慈老）圓寂五年（遺囑三年）後開缸，肉身不壞，作七七四十九天大法會，我去那裏幫忙時認識的，我們都叫她——沈小姐。據她自己說：「慈老於圓寂前後，曾同炎老辦過不少的事情。」因爲好久沒有見，談了很久。

當提到慈老慈悲行誼的時候，她依舊熱淚盈眶，不忍侃述。還聽說，慈老圓寂上十年了，他坐缸的塔那裏，有時他的皈依弟子還會去哭泣哀弔。如今社會上的一般人對自己的生身父母能有這樣孝心的，可以說少之又少，何況是皈依弟子！其實慈老住世，並沒有把他自己的肉剜給誰吃過，他只是以佛法爲己任，以佛心爲己心，胸襟宏廓，平等如一的一副慈悲心腸，永恒的、無盡期的施捨，拔濟。圓寂時，他關房抽屜裏，只賸下一張五分錢的郵票，這是他老一生當中唯一遺留下來的一筆存款，他是如此影響着眾人，凡是見過他的人，沒有不深深感動，認識他的人，都對他無比的崇敬。誠然，慈老感人之深，實在說得是慈悲喜捨難量。（慈能予樂，悲能拔苦。）

## 六〇、佛門的護法韋陀

當我問及過去他老在內院聽經、護法的情形，她愴然的說：「趙炎公這位老人家護慈老的法，遠在民國三十八、九年就已開始了。溯自大陸變色，政府甫經播遷來臺，時局板蕩，匪諜囂張，慈老那時正在桃園、中壢圓光寺興辦一座佛學院，學僧一律着黃色僧裝，披黃色袈裟。斯時不肖之徒，秘密檢舉：『凡是穿黃衣服的出家人，都是匪諜。』是故全院師僧瑯璫入獄。慈老當時大慈大悲，挺身向警察局申述是爲寃屈，並請求自入囹圄，以『身保』作證。趙老等聞悉之餘，趨前營救，全體乃得開釋。自此炎公恒爲慈老道場的韋陀菩薩，護法伽藍。並常和鍾伯毅老居士（炎公主湘時候的省財政廳長）駐入山下面靜修院，與學僧共作息。」

月師說：「他老人家過去在汐止內院法華關聽慈老講『法華』、『唯識』，數年如一日，每次回臺北，都是其哲嗣佛重居士來汐止接送。」月師到此，又笑着說：「佛重居士那時年輕，還在臺大念書哩！他的氣質、風度不凡，常去內院，大家都熟了，內院的人，個個都好歡喜他。見到我，也總要說一聲：『我爸爸交給你，我還要趕回學校上課呢！請你好好照顧我爸爸，下午放學我再上山來接。』說完，一溜煙似的飛跑下山去了。年歲大了的人，身邊經常需要有人照顧。你看佛重居士那時候就能體貼入微，眞是很少見哩！日子過得眞快，一幌三十年了！世事滄桑，人生如夢！」

月師數數又說：「佛重居士很孝順他爸爸，從不拂意，炎老的禮教觀念很深，教誡兒女，有時候也很嚴。當爸爸厲聲呵叱他的時候，他只是低頭，洗耳恭聽，有時嚇得乖乖的溜了。父嚴子孝，其是之謂也！一個青年人，而如此重孝道，爸爸到那裏他就跟到那裏，値此歐風美雨東漸之際，今時已不可多見矣！」

月師又說：「過去慈老住世時，他老人家這麼大慈大悲，但有時也會冒火哩！（示現——形於色，而不動其心。）趙炎公雖然年邁，社會地位又那麼崇高，但是照樣挨慈老的「頭子」，一樣的要遭呵叱。可是炎老這位老人家，眞的太偉大了，一心皈命，依教奉行，從無半點慍色或怨尤，總是虔誠恭敬，恒執弟子之禮，頂禮叩拜，根本一點架子、派頭都沒有，也不見視己琭琭，視物落落的習氣。總是堆滿了笑容，所以內院的師生、住眾、護法，對他老人家無比的敬仰。尤其他老這種無言的身教，不知教化了多少戾質、倨傲、習氣很重的劣根人。」其實炎公老人家對任何一位出家人，都是非常恭敬。

慈老在坐關，關房終年緊閉杜門不出，彌勒內院，靜修院內內外外，乃至有些寺院好些事，都是炎公把它擺平的。在這方面來說，不知方便、利益了多少人。當世尊臨入涅槃時，把正法咐囑國王大臣，旨意在此。

## 六一、道中有錢　錢中沒道

炎公一向兩袖清風，在內院那幾年當中，雖然很少財施，但是由於其德高望重，說話比錢有時還重要得多哩！加之慈老的福報，其大無比，海內外弟子寄來供養的黃金、美鈔、港幣、叨幣，乃至新臺幣滾滾而來。這許許多多的錢，慈老暨學僧們，涓滴歸公（常住），分文不留，那都是經過炎公、鍾伯老他們兩位老人家過目後，而送去給靜修院的。還有，當慈老圓寂、開缸的期間，慈老法會中所收的功德金，也都是幾蔴布袋、幾蔴布袋，並先經趙老看過，然後派人送交靜修院的。像這些事情，我們曾都看到，也幫忙經手過的。後來他們建慈航堂暨靜修院整個翻修，而修得那麼寬敞，大厦巍峨、莊嚴的殿堂，還不都是用的過去慈老留下來給他們的那些錢。所以慈老的遺囑：『在未反攻大陸回家之前，彌勒內院的住眾四事供養，悉由靜修院負責。』依上所說，這無異九牛一毛，那是太應該的。」不過這些年來靜修院只遵慈老的遺囑履行無間，像他們這麼的長遠心，猶爲難能可貴。

最後她吁了一口氣說：「唉！炎公平實近人，從不高聲顯威，過堂吃飯，隨眾起居，沒有半點視己琭琭，視人落落的地方，總是那麼隨和，那麼謙遜，不但惟德者能矣；而且其大願、大行、大喜、大捨的菩薩精神，眞是只有這位應以『宰官身得度者，卽現宰官身而爲說法』的再來菩薩才辦得到啊！」

## 六二、佛學院開學典禮絮聞

走筆及此，又想起從前我在新竹福嚴精舍的時候，常覺法師說：「民國四十二年，大醒法師在青草湖辦靈隱佛學院的時候，因醒師終年一襲灰布長衫，也並不如何修邊幅。當時管區有一位警察，不知道當時他的心裏有一種什麼樣的錯誤觀念在作祟，他對佛學院總是放心不下，當作如是念：『這個窮和尚，沒有什麼了不起，爲何要搞到我個管區來辦這麼一個東西做什麼？這簡直在同我找麻煩！』愈想愈不對勁，愈想愈不是味道，於是官腔十足，三天一嚕囌，五天一巡視。戴一副黑邊眼睛，手裏拿的是小馬鞭，漆黑的半高統馬靴，走起路來咚咚響，擡頭挺胸，派頭得很。嘴裡這個、那個的一派命令式的詞令。

像這樣的小媳婦日子，也眞是不好過！不過醒師根本沒放在心上，神氣儘管他去神氣吧！醒師精通內典，曾任閩省南普陀佛學院院長，他是遊化海內外不知幾番的大法師，豈會同他一般見識，只是容忍了事。

迨至佛學院開學的那天，靈隱寺常住請了諸山長老暨趙炎公、鍾伯毅、朱鏡宙、董正之居士等二十餘位緇素大德，並請到新竹縣縣長、警察局局長、教育局局長暨地方首長士紳十多位來賓觀禮。

這位警察也算地方上主管之一，亦被安排在來賓席上。午齋安席竟，惟有他一人姍姍來遲，當他瞧見齋堂席次高朋滿座時，他還以爲他未到之前，是不會進齋（開動）的。可是進門一看，發現只有靠大門口邊邊剩下一個空席位，他怒目打量四週，使他頗爲驚愕，心中在嘀咕：『我們縣長、局長……今天怎麼都到他們這裏來了？而且都把他們排列在第二行席次。』他又暗暗忖度：那第一列席次上一個個盡是些年齡比他大得太多，又是陌生面孔，各自端莊的坐在那裏進食，而氣質、風度，都不是等閒之輩哩。再低下頭來，顧盼他自已身邊倒數第一個位置，這莫非就是剩下來給他的？今非昔比，那就暫時委曲一下，以後再作道理。雖然他內心依舊很不是味道，但這鐵的事實擺在面前，也只得收歛一下囉！靈機一動，隨卽坐下。他一面吃飯，那些根本就不應該再去琢磨的意念，仍在他心中蕩漾不已。

正在這個時候，炎公起身自行到飯甑邊，盛好了飯折回來，左手擎着飯碗，站住望着來賓席上，咐囑說：『×縣長！我們這位大醒大法師，今天到你們貴縣靑草湖靈隱寺來創辦佛學院，這是臺灣首創的一所佛學院，這是靈隱寺住持無上法師他發的大心，稱揚正法，作育僧才。這也是你們貴縣的厚福，但人地生疏，今後還請多多護他們的法！』縣太爺一聽是炎公的吩咐，立卽放下碗筷，嚥下那口飯，抿着嘴，應聲站立起來，洗耳恭聽，最後回答說：『託你老人家的福，是！是！一定遵命！』

這位警察嘴裏含着滿口的飯，把頭擡起來，眼睛瞪得大大的在那兒發楞：『奇怪！這個穿舊粗布長衫、馬褂的老頭兒，怎麼這麼厲害，連我們的縣太爺見到他，都會禮恭畢敬？』餐畢，向在坐的他管區裏面的一位老教授打聽，這才如夢初醒，他雙手捧着後腦袋瓜子，噓了一口氣，然後赧然告退。從今以後，再也不來這個、那個了。』」

說來這雖是一件極小的事情，但炎公眞是一位無分別心，而無處不現身的護法大德長者。

## 六三、匡扶正法典型

由於他老年事已高，頗感體力不濟，久有辭卸玄奘寺董事長一職的意思，且曾對我談過多次：「我如今年老，做不得什麼了；尤其三寶門中的事情，本來就應該由僧寶——佛制比丘——住持正法，這樣才合宜；在家弟子有家累，有事業，再怎麼樣也只能作外護，輔佐而已，不宜去管理出家眾的事；一千多年來，各道場相安無事，是很明顯的；居士畢竟是居士，他缺少這段——僧眾行持的人生經驗，況且這是佛制。南傳佛教到如今，一直保持了這種優良傳統的精神和制度——依教奉行，而以此種完美的體制，規範僧伽，澤及人天，是爲正法昭彰，國運呈祥的瑞象。倘以在家眾來管理出家比丘，實在不必，也太不應該！

今日玄奘寺是佛教一個馬首是瞻的道場，先應做到這一點才是。最多董事會的董、監事，用極少數的正信白衣（居士），讓他們去與世俗上的人周旋爲妥。如果以在家人作董事長暨董監事，人數太多了，日子久了，流弊百出，道場如不清淨，總是不如法的。像這樣的事例，臺灣已層出不窮，報紙上也有見到，所以董事長最好要道安法師出來擔任較爲理想。」實在說來，出家人的事，佛制比丘，自己管理爲上策。

這樁事情，道老當初不肯接受的原因，完全出自一種崇敬他老的心理，並說：「如果你老人家頭天辭掉，我第二天便離開玄奘寺。」今日臺灣環境特殊，事實上佛教會、玄奘寺的一些重要問題，還是要炎公擋住才行。所以辭不掉，也實在不能夠辭，辭不得。不過道老後來答應等他這次率團赴日報聘歸來，將中日佛教關係促進會——國民外交——籌組略具端倪後，再來同他老從詳計畫，愼重的把這件由炎公發端，而爲整個中國佛教樹立新里程碑，爲四衆弟子的幸福無疆，爲佛教的慧命得以綿亙流長的大功大德辦好，以仰符他老的期望與心願。

因爲道老是一個忙人，那時「中日佛教關係促進會」正是萌芽時期，雙方寄予莫大的期望，不是他們訪問團來臺灣，便是我們佛教會報聘。當然道老他還有很多別的事情也在等着他做，確實是忙了一點。後來，接着又是南部的戒期，就這樣陰差陽錯，無常迅速，都把它躭誤了。最後連炎公往生時，道老也還遠在南部忙着傳戒，沒有來得及趕回臺北。尤其如今他二老都已往生，像這麼重大的一樁事情還沒有把他作好，能不令人無限惋惜麼！

## 六四、融洽和樂的家園

伺候人李志高先生同老周，他們兩位在趙府一幌住了這麼多年，相處融洽，等似家人。我每次去趙府，看見他們兩位總是愜意而馬不停蹄的在那裏忙這忙那，室內室外，都打掃得整潔而清爽，顯示他們對老太爺的忠實可靠，做事勤勞的表現。炎公平日也喜歡同他們談天說地，哈哈大笑，誠一樂也！平等禮遇，從沒有彼此之分，是的嘛！我去趙府，看到他們兩位先生待人好親切，做事好貼心，而且也很聰明，因爲跟隨他老已經這麼多年，對老太爺的生活習慣都很熟悉。他二位配合、協調得很好，什麼事都替老太爺做得好好的，從不拂意。所以炎公也分外的歡喜他們，他們兩位也確實把老太爺看作自己的老父親一樣。

我去了，他們常對我說老太爺如何如何好，對待他們如何的慈祥，遇事總以體貼、憐恤、寬恕的心腸待人。「這些年來從不見有老年人的脾氣，處處洋溢着祥和，充滿了溫暖，沒有半點佔人上風和視人落落如石之賤的心理，總是怕麻煩人家，眞說得上是一位老古板人，連賢孫輩南雍暨弟妹們，也都在威嚴的觀念中，孝敬老祖父，出入都要請安、告假，禮貌訓練極爲周到。因爲老太爺對我們實在太好了，所以也捨不得他老人家。事實上，我們都跟隨好多年了，老太爺有一個對待人的老觀念：『衣服新的好，人是舊的好。』我們一切都熟了，如果一下子換個新人來，老太爺又這麼高年，我們實在不忍心，而且也不敢走開！同時趙府一家大小對我們都很好。」人與人之間總是互助互惠，禮尙往來，尤其家裏的傭人，如果能在他家常年不想離開，而且忠心耿耿，那無異說明了這個家庭的主人必定胸懷豥廓，寬宏渾厚。由此看來，這就是炎公含光厚德的說明。

## 六五、元首登門造訪

他老往生前兩個月光景，還住過一次榮民總醫院，但不多時卽痊癒。出院的當天下午，總統　蔣公獲悉，極爲關切的蒞臨趙府探視他老的健康情形，私交深厚，相見分外親切。（篇首照片）

那天　總統登門探視，這也是他老住世時　總統最後一次的趨訪。車子疾駛於途中，聞起先生曾關照隨侍的攝影記者：「趙炎公如此高年了，機會尤其難得，請儘量多攝幾張照片，以誌永恒紀念。」

蔣公辭出時，炎公親送上車，步出客廳門外，正當下臺階時，因新癒出院，蔣公怕他腿力不足，即用手攙扶，幸及時爭取到此一珍貴無比，難得而僅有的鏡頭。可嘆無常迅速，對影傷懷！

聞起先生相告：「他自重慶　蔣委員長時代便追隨迄今，從未見　總統用手去攙扶過別人。」以此殊勝因緣，過去我在玄奘寺時，深感炎公爲大師靈骨歸國，厥爲首功，暨爲本寺董事會首任董事長及創建人，歷年來爲我們玄奘寺的勞蹟，愈久愈光，故將這兩張紀念照暨他老九十大壽，　總統率經國先生去趙府賀壽的三幀照片（附錄），計五張底片，承蒙聞起先生割愛，由本寺放大爲每張一尺二寸見方，並於臺中選購精裝鏡框，嵌入懸掛。只要走進玄奘寺大殿後面寮房的客廳，擡頭即可看到，備極莊嚴，以臻見賢思齊，嘉惠後昆。如今這兩位老人家均已西歸，不但逾覺珍貴希有，堪爲玄奘寺鎮山之寶。惟我離開玄奘寺（民國六十四年四月一日）已四更寒暑，不知那間客廳牆壁上懸掛多年的這五張絕無僅有的遺照，別來無恙乎？

## 六六、優厚的禮遇

民國六十一年中秋節過後沒幾天的一個上午，因寺務冗繁，已一個多月沒去趙府了，常在想念中。還有一次夢中，見到他老人家苦澀着臉向我傾訴：「總是胃口不開，嘴裏頭沒有一點味喲！什麼好吃的東西，一到口裏，如同嚼木屑、臘塊那樣難受。」於是我從玄奘寺下來到北投，看看他老。

近年來，他老人家的胃口一直不大好，好久以前，我曾去榮總找內科主任陳良甫大夫詢問過幾次關於他老的實際健康情形，因他平日宛如炎公的家庭醫師，這些年炎公的大小病，都是他主治，所以他知道得最清楚。他帶着極驚訝的口吻告訴我：「我做了幾十年醫師，從來沒有遇到過先天這麼足，後天又這麼好的老人家。病歷表以及各部門的報告單上面，一直沒有徵候紀錄。雖然是如此，可是確實有病，這如同一部機器，晝夜不停的運轉，開得太久，各部門的零件必有磨損，功能會自然的減退；人體機能，亦復如此，此卽所謂『老年人病』。」這次我去問他，他仍然作如是說，並告知：「上星期作過一次體檢，一切正常。」聽到陳主任親口所說，一顆憂患的心，才放了下來。

有一次，我跟道老去，也談到他老的胃口。道老心裏總有點愁悶不安。回到松山寺，道老卽將香港一位弟子供養他的五瓶法國的「福樂林」送了去，果然有效，沒幾天，我再去時，炎公喜笑顏開的說：「道安法師送給我的藥，眞是太好了，打一、兩針就見效驗。」但聽說後來在「榮總」繼續開了同樣的藥，因爲注射的次數多了，就不見有什麼效用，這也是老年人病的特徵——不吸收。

還有一次我先到「榮總」問過了陳主任以後，再去趙府。我進入客廳的時候，他老坐在那把大躺椅上同李先生不知談一件什麼事情，見我去了，仰着頭，喜氣洋洋地緊握住我的手不放，顯得好喜歡，並慈藹的問：「你怎麼這麼久沒有來呀？」這句親切無比的話，一連問了好幾遍，使我感到無限的溫暖，宛若久別的遊子見到了親人一樣。

坐下來，他老對我個人近來的生活情況以及玄奘寺常住的一些情形，都特別關心。於是便從玄奘寺的近況，道安法師現住什麼地方，忙一些什麼，乃至告訴我們佛教幾件可喜的事情，談了好一陣子，然後便吩咐老周：「今天是素食的日子，光中法師也好久沒有來我們家了，留他在這裏午齋，你快去做飯吧！」說罷，他老便領我到書房去坐談。

記得又有一次李志高先生特別向我說：「老太爺說，同您眞是很有緣喲！平時他老人家的書房，來訪的人沒有一、兩位能進得去的，尤其是能坐在裏面談話的只有一位福建王姓老先生——留德的醫師，他來了可隨便進去談心；另一位東北籍，也是姓趙的老先生，但很少來。」聽了李先生這番話，深深感到炎公禮遇之隆，眞有無以爲報之感。

踏進書房，迎上前去，接過他老想移動靠牆壁的那把旋轉椅子，遵囑把它擺在他老人家想擺的地方——寫字臺邊用舊的棉布墊，墊得比較高點的那把轉椅旁，我陪着炎公併坐在書桌旁邊，他老指着右對面書櫃型密宗法壇上供的一些過去在湖南、上海時期，西藏喇嘛頒賜的佛、菩薩像，及國內外大德門餽贈的各種年代湎邈的佛像、摺疊式的經卷，乃至少數的貝葉、恒河的沙、尼連河畔朝聖從菩提樹上摘下來的菩提葉等，逐一介紹。還把平日臨的幾種看樣子已珍藏不少年代的碑帖，隨手打開抽屜都搬了出來，逐一說明、欣賞。此時炎公隨着表達的情趣，興緻盎然。因此我也趁他老這麼高興觀摩字帖的機會，請教大篆、隸書，趙孟頫的行、草書等神韻獨特的地方及臨摹的訣竅，他老總是不憚其煩的爲我講解、描繪。

我總覺得有一點奇怪，以前進書房好多次，他老從不曾這個樣子，今天怎麼有異尋常？看完了佛像、字帖後，又要我幫忙，把他自己曾找過多次，總是找不到的，總統從前准予撥贈擴建玄奘寺用地的總統府秘書長那份復函正本（擴建玄奘寺現在及將來所需土地，悉予贈予）把它找出來，這的確是一件有力的證據。但把所有的檔案卷宗、函件等都搬了出來，攤在地面的草蓆上。我們仔細找了好久，因時遷日久，始終沒有找到。

炎公的書房平常我每次進來，都是只坐着和他老談話，倘有什麼事情，則偏勞李志高先生經手，怎麼今天不要他做，卻親自動手，而且要我幫忙呢？

## 六七、身教大于言教

這些年來，每當踏進他老書房、臥室，瞥見地上敷設着粗糙得很的草蓆（地毯）時，莫可名狀的感想，油然而生。我暗暗的思量：「他老這兩間房間裏的地面上，鋪的是地毯代用品——土製稻草蓆，並不是什麼高級羊毛地毯，看它的成色和踐踏的程度，已用過多少年了。這是佛重居士顧慮到令尊九十多歲年紀，塑膠地板容易滑倒；尤其想到怕他老午夜夢醒下床，以防萬一而敷設的。

說起來，像這種質料的成品，那是市面上便宜得不得了的東西。以今天炎公的福德來說，如想改舖一條時新一點的地毯，只要他老點頭，家人端對遵辦。例如孟完先生主持的輔導會就有地毯公司，這只是啟口之勞，折枝之易的事。可是炎公平生簡儉樸實，生活素淨，惜福的觀念曁少欲知足的理念中，總是力求從簡，實用卽可。

有一次，我站立在他老的床邊，見到床上的被褥；當然，落眼就知道是我們家鄉那種原白土棉布縫製的。固然廿年沒有見過我們鄉下的那種土布了，如今驟然呈現眼簾，眞是旣驚喜又感傷。炎公呵！你老人家爲何要把生活降低到這個樣子？這麼惜福呢？

假使以現實環境和生活水準來衡量，炎公的生活程度，至少拉後了半個世紀。如果像這種人生經驗還是空白，而對生活樂趣的另一層面又無法望其涯際的我們一般人來說，當見到他老的這種生活狀況，心裏是會難過得很的。

不過有識之士說：「生活過得簡樸一點，其實也是一種享受和幸福，樂亦在其中。」鈴木大拙說：「清貧中才有眞正的安寧。」除佛教以外，老莊、儒家闡述這種超然的生活情趣，暨另一精神領域的境界也有不少，但以佛家闡述得最爲詳盡殊勝。從這裏我們知道，這是炎公以佛菩薩心爲己心，以聖賢行爲己行的「聖量行」。笨拙如我，怎能言說呢！

## 六八、難忘的午餐

那天因佛重居士伉儷平日都在機關公司上班，小孩子又要上學，都沒有空，趁着星期例假，那天帶了小孩們出外舒暢心神，欣賞農村風光，聞嗅阡陌鄉土的芬芳，領受大自然的薰陶去了。

老周一個人在家裏燒了一手拿手菜，連一碟子辣味泡菜，五菜一湯。炎公歡喜辣味，菜裏放幾片辣椒調味，分外可口。午齋的餐桌上，只有他老和我。他老人家於人情物理總是那麼達練，那麼周到，顧慮到我會拘束，席間講了一則從前在上海與李石曾老先生幾位在居士林素食館吃飯的輕鬆故事。他老說：「老周今天做的這幾道菜，都是他平日最有興趣做的，味道不錯，多吃菜，少吃飯，都把它吃光。」那餐菜眞是做的很好，色香味俱全，質量並重，四樣蔬菜、豆腐、菇類，怎麼炒得那麼淸脆，綠油油的，沒有加味精，味道竟然那麼鮮美。固然一熱三鮮，但烹調的技巧，尤其是火喉最爲要緊，不然，只用那麼簡單的幾道靑菜下鍋，而能有這樣的成果，當以「香積妙厨」讚之以爲是。眞是恭敬不如從命，那麼好的味道，我確實吃了不少！

炎公那天特別高興，竟吃了兩平碗半飯，雖然平常時聽到他老說胃口不開，但今天見到他老的飯量那麼好，我心裏頭暗暗地好喜歡啊！尤對我日前做的那個夢（他老對我說胃口不開），已知道那是我自己晝有所思、夜有所夢的心理作用（獨頭意識）顯現的反映現象。炎公的胃口如今已正常無礙，我才放心了。老年人的食量好一點，這才是健康的表現，聽說過去虛雲老和尚一二〇歲了，他一餐還能吃下盛菜的那種碗三碗飯，可是他幾餐不吃，也沒有關係。如今飯量好了，這是他老人家福體否極泰來的好現象，值得告慰和慶幸。

飯後，他老吩咐老周切冰西瓜，我仍和他老到書房去，他老人家又把新近寫好的幾副中堂、對聯、橫額都搬出來給我看。記得其中一副說是臺大蔣友文先生代求的墨寶，最後對我說：「下次請你把道安法師讚玄奘大師的對聯——萬古仰完人，大漢聲威揚異域；千秋傳絕學，盛唐文物震全球。——的稿子再抄一份給我，從前抄的，不知道都埋到什麼文件中去了。」道老這副名聯，是炎公最爲欣賞，而且曾爲此說過多次，要把它寫出來，將來石刻，嵌到玄奘寺牌坊下面照壁的兩邊柱子上，中間塑製玄奘大師西域取經故事的半浮雕，莊嚴道場，永誌紀念。

我與炎公單獨共餐，這是十年來第一次，但也是最後的一次，至今我還時常在想：「爲何那天他老那麼高興，又那麼親切，那麼慈祥，其實還不到十一點，就特別留我午餐，又要我一同到書房裏去找文件。平常他老對已過去的事，從不費神去作翻案的工作；但這次，又怎麼突然想起這些陳舊的往事呢？怎麼又把一些所喜歡的珍惜古物都找了出來給我看，向我介紹，並殷懃黽勉和叮囑呢？從這許許多多的迹象和徵候中去揣測、思量，莫非真的就是心有靈犀一點通（李商隱）的心神預期感應，永訣的朕兆，和最後永訣永誌懷念的一刻麼？」仰望雲天，無限神傷！

## 六九、未完成的功德

現今另說到玄奘寺的照壁浮雕，我在玄奘寺時，因有道老的這副名聯，又是炎公親筆所書；何況又要塑玄奘大師西域取經故事，塑這幅浮雕的技藝造詣，必須相當的高，才能配稱。曾有好幾位藝術家毛遂自荐的帶着他們自己的作品去，都不脫俗，悉爲道老婉謝。

後來我親去臺北市外雙溪故宮博物院，請教他們銅器組的負責人延宕居士袁德星（楚戈）教授，他是一位馳名國際的藝術家、文學家，聽說本來那時中興、東海、清華等大學敦聘他任系主任，由于太遠，分身乏術，只在鄰近的東吳大學暨文化大學華梵研究所兼課。博文約禮，平實近人，且禮道安老法師爲師，久爲佛門皈依弟子，深探內典，通達教理。他對佛教的文物藝術，因受故宮這個優良環境的薰習、陶冶，這些年來，從他陸續發表的著作中，可見已深入堂奧了。他提供的構想，果真不同凡響！道老聽過他的說明，非常高興，當即吋囑：「德星！回去就開始籌劃，這些暑假郎上山施工，其他悉與光中平章。」

袁居士曾對我說：「利用寒暑假的期間，我帶十幾位大專美術系的同學去施工；參與的同學們，都照樣算學分給他，而且我們把它當作功德，不計任何代價，只要有食宿就行，更會齊心合力，手腦並用，精細施工，爲玄奘大師的道場留一個永久紀念。」但我沒多久就離開了玄奘寺，這件急着要辦，而且已談了兩、三年之久的一件大事，仍然擱了下來，實在可惜、可憾！以後縱使得以實現，但藝術也有三六九等次哩！

我離開玄奘寺已四年多了，前年冬初，偕張曼濤居士去石勒主蔡海峯先生臺北家中探視。炎公所寫的一些碑文、對聯等，均已勒石完成，而且都堆在那裏待取，（聽說由于時日久了，好些可能不是眞品了），然這些石刻何日得以嵌上照壁？陳列于碑林間呢？唉！難啊！尤其那照壁上的大幅浮雕的壁畫——玄奘大師取經圖，又何時才能開始施工呢？道老從前對我說過：「將來玄奘寺去搬運，要雇一輛大卡車才能載得動。」那天在他家中見到那麼多已刻好了的石頭，的確要一輛大卡車才能運得走，如今他二老均已西歸，這一點點未完成的工作，千祈早觀其成，以彰前賢功德。

## 七〇、榮總探病成永訣

民國六十一年晚秋的一個傍晚，我正在大殿前面丹墀，欣賞拜臺下面兩邊新近增添那十幾盆新進口的馬來種南洋杉盆景的時候，左邊牌樓下上來了兩位遊客，彬彬有禮的向我揮手致意，並近前寒暄。從鄉音的辨識中，得悉他們兩位都是衡山趙炎公的小同鄉。

他們備極關切的告訴我：「炎公于昨天下午進入『榮總』住院了。唉！他老人家今年已經九十三歲，恐怕打不過這一關啊！這次高燒得很厲害，而且時間又連續的太長，形色相當憔悴，四肢乏力，精神頹廢，送醫院時，是我們幾個人攙着上車的，看樣子情況似乎很不利！」我聞悉之後，趕忙收拾一下，卽搭他們的便車轉赴臺中，漏夜趕到臺北，第二天上午，陪道老去「榮總」探視。

炎公住在「榮總」體檢第廿六病房，這是他們醫院裏設備最完美、最高級的病區，環境非常雅靜，護理員的氣質高雅，服務態度嚴謹而和藹，當我們走出電梯門，就有一位護理員，好像預知來意似的問道：「你們是來看趙老先生的嗎？」隨卽引導進病室。

病榻前，經常是佛重居士和李志高先生晝夜隨侍。我們走到跟前，他老合眼平臥，寧靜得如入夢鄉。李先生貼近老太爺耳根說：「松山寺的道安法師來了。」他老右指稍稍朝上翹了一兩下，以表謝意。李先生接着又說：「日月潭玄奘寺的光中法師也來了。」他老聽到後，卽睜開他那極爲疲、的雙眼，神光分外陰暗、弛散，很吃勁地想朝我望望，可是只能漫無目標似的輕輕一閃，瞟視了一下，又閉上了眼睛。由此可知他老的神智還是非常清醒，只是官能已經萎縮，尤其目力已退縮到不能辨識程度了！

淺淺的微笑，隱隱浮泛在炎公的雙頰，呈現出又驚又喜，低微得幾乎聽不大淸楚地吋囑說：「你怎麼也來了啊！這麼遠，常住很忙，不要來嘛，趕快回去囉！」說完就再不見炎公的動靜了。當時我也彎着腰，貼在他老的耳邊說：「沒有關係，我來看看你老人家，下午就要趕回山上去的；老人家一生爲佛教，爲玄奘寺作了許許多多的殊勝功德，一定會蒙受三寶加被，諸佛護念的，請好好安心養病，多默念佛號，時時觀想佛就在自己的身邊、上空、心頭放光、撫摩，觀佛的卅二相，萬德莊嚴。另外告慰你老一件事，明天下午日本琦玉縣三學院的信徒三十人，要來玄奘寺磋商興建倉持紀念館的事情，等他們建築費寄來了，卽可施工興建，過幾天我會再來看你老人家的。」

剛才我把日本人此來之目的相告，只因這些年來，炎公極爲關心倉持紀念館興建的問題，並且總是念念不忘玄奘寺的寮房短缺，時常慨嘆：「怎麼辦？」如今臥病，欣聞佳音，無異是爲他老人家帶來莫大的鼓舞和無限的欣慰。可是此時他老的精神微弱到發不出聲音，也沒有精神表達自己的心意了！如今其內心是充滿着快慰、清涼、自在。當我把話說完的時候，炎公的神態似乎想要點頭示慰，只見眼皮幾次微微的向上翻動，似乎想要再望望的樣子。這都是他老自聽到我報導此一佳音後，覺得怡情悅意的連續反映，無奈氣力微弱，力不從心了！

他老如此高齡，再加連日高燒的侵蝕，精神和體力幾頻崩潰的邊緣。然而他老當病情如此惡劣的時候，還如此體貼我、關心我、護衞我，怎麼能叫背井離鄉，浪迹海隅逾三十年的我，聆聽了這叮嚀、咐囑、策勉、撫慰的細語慈聲而不黯然神傷呢！

## 七一、警號的紅燈亮了

我一直站在病榻旁邊，目不轉睛的凝視着他老那愈趨消瘦的面龐，和憧憬他老剛剛睜開疲眼，呈現那渾濁呆滯神色的刹那，似乎這些都是紅色的信號，病情欠佳的象徵。唉！往事如雲煙，因緣如幻化，想起埔里覓地修祠、梨山醞釀建寺，以及玄奘寺的一切的一切，乃至過去佛教界的好多好多的事情，都是仰仗炎公的德望，費了多少心血和精力，排除重重的障難，才能獲致圓滿的成就。一幕一幕的往事，一縷一縷的思憶，在心頭低徊，在腦際湧現，再低頭去瞻視他老，那呈現薄薄病患黯影的面龐，並沒有遮掩掉他老人家平日謙沖的容顏，和發自內在慈祥的心光。喲！數不盡的往事，遣不去的惆悵，成羣出現的思憶，徜徉於心湖，心湖無岸的懷想，在呼喚、在低訴、在叮嚀、在太息、在嗚咽……！

這個時候，李先生在我後面輕輕地對我說：「老太爺昨夜又發了高燒，所以今天的精神要差一點。」我和道老聽到佛重居士與李先生低聲述說過諸般病情後，病室岑寂得幾乎可聽到自己低微的呼吸聲音；然炎公依舊安祥平臥着，但再也聽不到、見不到他老人家慈祥的歡笑和親切的頻頻咐囑了。靜寂了一會兒，他老的病情相當沉重，需要充分的休息，於是我把握着他老的右手靜悄悄地放置原位，默默地告辭，以免擾攘室內的寧靜，和驚動他老疲倦心田的安謐。可是當我後退轉身跨出第一步時，頓覺內心一陣酸楚，悄然地和道老懷着沉重哀傷的心情，向侍候的二位居士揮手道別。

一面走着，一面忖度，如同昔日於趙府告辭的一瞬間光景：他老發出慈祥淺笑的容顏，踱出大門，一面彳亍緩行，一面低聲細語切切的咐囑，徐送我踏上夕照的歸途；如今朝後看，了無人迹，只留下滿目的悽涼和無盡憂患的遐思！

下了電梯，至第一病房，向內科主任陳良甫先生探詢炎公的病況。陳主任見我去了，搶先的告訴我說：「炎公這回不像平常，病情相當嚴重。不過他老人家先天足，如果今晚能平安度過，不發高燒，那就沒有問題，否則就很麻煩哩！」

## 七二、登九品 禮蓮臺

我回到山上沒幾天，臺北長途電話，傳來了噩耗，當天下午我就趕到臺北。道老還在南部傳戒，並且正值登壇正受，未克分身。翌日去「榮總」他老靈前深致哀思時，靈柩已停置該院特爲他老臨時陳設的靈堂。靈堂的上首，懸掛 總統題字「志行遺範」橫額，素花白燭，無限追思悼念。

這時佛重居士闔家及聚鈺、聚震二位先生闔家人等暨聞起先生伉儷，佇立在靈前兩旁，他們緬懷着炎公與世長辭，從此人天永訣，無盡哀悼！聽說站在童居士身旁的那兩位，是在炎公往生前兩天，遠從美國趕回來的哲嗣牟俶先生伉儷和他老最小的令嬡。還有好些陌生的親屬戚友排列在那裏，一個個都垂頭落淚。佛重居士率長男南雍等在靈右向弔祭者答禮。李志高先生前來引我至旁側，述說老太爺生西前後的瑞相。

他說：「老太爺這次生病的幾天當中，安祥得很，從不見呻吟，一直宛如無聲息的酣睡一般，但神智一直非常清醒；大夫和護理人員，也照顧得非常妥貼周到。尤其去世以後，眞的好奇怪呀，臉色反更紅潤呈現着笑容。臨命終時，大家都小心翼翼地照顧，這次如果大家不是這樣的仔細，則老人安祥捨報，幾乎連覺察也覺察不到。這麼平靜的離開人世，眞的連聽說也沒有聽說過哩！最後的那天晚上，老太爺的兒孫女媳、親屬摯友，差不多全都到了，齊集一堂，鴉雀無聲，圍繞在老太爺的身邊。」按佛教儀式，臨終切忌哭泣，最少十二小時內勿移動。又：普通一般人當他神識離開軀殼時，在佛經裏形容：「如龜脫殼那麼樣的痛苦，那麼的難受。」但有行持的人則不一樣，可是仍然切忌移動，以免功虧一簣。李先生又說：「各自虔誠謹捧着心馨一瓣，以無比哀痛的情懷，齎送他老人家離開我們這個五濁塵世，登極品，禮慈尊。老太爺眞是好福氣！好福氣！」

炎公往生，走得這麼安祥、自在，一點痛苦也不覺得似的。像這種示疾：「心無病苦，心不貪戀，意不顚倒」以此含笑捨報的瑞相言之，這是他老數十年密行功深，福慧雙修，得生淨土，蓮位高增的明證。

光陰荏苒，歲月遷流，如今炎公已西歸七載！年來每路過北投土地公埔（往昔他老公寓處），在公車疾馳中，遠眺模範新村趙府故址，一切今猶在，然人天永隔，西歸湎邈，則不禁興世事如雲，因緣幻化，而愴然欲淚！

## 七三、一代偉人家譜

炎公弱冠卒業於鄂省・漢陽方言學堂，清季負笈東瀛，入日本陸軍士官學校，於第六期砲科畢業。曾入同盟會，與 國父籌組中華革命黨，共赴革命，出生入死，幾遭不測。民國十一年，榮膺湖南省省長兼總司令。民國十二年，創立湖南大學。民國二十七年，任湖南省議會議長。民國三十六年任國民大會代表。民國五十一年，任總統府資政等職，功在黨國，垂諸青史。

老人畢生奉佛虔誠，其對哲嗣命名，亦本惟願三寶加被，諸佛護念，暨預以佛心爲己心，以佛行爲己行之宏旨。故於每位別號首字，均冠以「佛」或「牟」字，其期望默禱之殷切，寓意之深遠，立意之慈愛，卽使說也說不盡。唉！天下父母心眞是難以形容如萬一。

佛重居士，排行居次，臺灣大學歷史系畢業，曾任教育部文化局第一處處長。民國六十年文化局奉命裁撤，榮調教育部，未幾榮膺行政院文化建設委員會主任要職，刻於行政院高就。

他離開教育部不久的一天，我去教育部找人，見到一位姓李的先生，談起佛重居士，那位李先生以懷念的口吻說：「趙先生在我們教育部這麼多年，四平八穩，稱得上是一位光風霽月，古道熱腸的道德君子；待人接物，那麼親切，那麼平實，儼然同他先父趙炎公一個樣子，『竹子愈高，愈能彎腰』。禮讓、容忍，是他一向為人處世的基本原則，也是自律嚴身最重要的一環。唉！如今社會上，像他這麼樣具諸深厚內涵的人，很難找得到了！」誠然，他離開原有單位這麼久了，部裏的人，還如此的懷念他，讚歎他，這完全是他自己的身教所致，德望所歸。

還記得有一次去他辦公室，他正替人撰寫對聯，對聯語氣極佳，寫的是「如有周公美才，宜去驕吝二字；設有石崇豪富，如何博濟四民。」聯語的語氣，不但深具警策及黽勉之意，且各界咸宜，猶能見其心志矣！

復次，由於家世淵源，奉佛虔誠、精進，尤其近年來，行解併行，得大饒益。令媳童雪儷居士，具諸詠絮之才，她不僅詞比詩好，而且詩詞歌賦都好，書法亦為一枝獨秀，譽為湖南才女。（見民國七十六年九月趙崇德堂印行之精品《趙佛重先生翰墨集》書後所附的趙夫人童雪儷女士自撰自寫詩詞《六霏吟草》百首，其序節云：「本編六霏吟草即當年侍親感時之作，纏綿悱惻，思致宛然。于歸後，雖相夫教子，吟詠靡聞，惟倡隨讀書之樂，則較易安居士不遑多讓。」）任職中興紙廠外貿部逾二十年，熱心公益，處處爲人經紀。在臺之賢孫有五，長孫女服務華航十餘年，長孫南雍過去曾在聯合報任記者有年，刻留學美國，最小者亦已高三；排行前三個孫子均已完成大學教育，聰明黠慧，氣質優異，學業成績均列前茅。

炎公另二哲嗣，一位身陷大陸，曾任瀋陽市長；另一位在美執教有年，學養拔萃，稱揚異邦。令媛臺大外文系，刻留美學成，任職美國洛杉磯石油公司，是炎公最疼愛而常惦念不忘的掌上明珠；記得同他老住在「榮總」的那十天當中，我見他老爲她寫過兩封信，總是殷勤的關注，低切的叮嚀，頻頻的咐囑，諄諄的教誨；點點慈愛的淚痕，萬縷惦記的細語，人世間最崇高、偉大、聖潔的，莫過於天下父母心——愛。三復斯言，誠不我欺焉！

炎公於民國六十一年十一月二十三日往生，享壽九十三。歷任中國佛教會常務理事，暨日月潭玄奘寺董事會董事長十餘年。曾於前面說過，玄奘大師靈骨得以重歸國土，建塔供奉，厥爲首功。

## 七四、吐納問辯　辭清珠玉

復次，民國六十五年春，松山寺後面，吳興街尾山際，清嚴法師，三年後開缸，肉身不壞，不但盛況空前，而且二十天來轟動了整個臺灣，一時湧上後山去瞻禮肉身菩薩的人潮，擠得水泄不通。

有一天上午，趙佛重居士的大公子南雍來寺造訪，那時他是聯合報的記者，爲了採訪有關佛教肉身菩薩的資料，特來晉謁道老。雖然南雍那時候剛跨出大學之門，尚屬初試啼聲的階段；但是他的清詞妙辯，酬對暢適，發問中肯，顯現出氣質、風度、學養、內涵不但高亢，而且領先他現有年齡已好遠，來日端爲一位不辱使命的名記者，猶是英年才俊的三湘子弟。

談話中，道老的臉上，一直呈現又驚又喜，並對這個秀外慧中的後生晚輩的未來，寄予無限的希望和期待。而且道老發自內心強烈的快慰、悅樂中，顯現得對他分外親切、慈祥，這麼怡悅的神態，高高興興的言說，是道老平常酬酢中很少見到過的。

道老對他所提的幾個問題，由於涉獵到緣起性空，乃至定學的大題目來了；只見他雙目低垂，如開大座的向他演說了一大篇稱性而談的定、慧之學、緣起性空妙諦的大道理，最後歸納到戒、定、慧三無漏學上面來談肉身不壞的所以然。

當然，這都是屬於南雍知識範圍以外的東西，他從沒聽到過的；但由於他思想成熟，心志睿敏，而且於佛法的根性深厚也很有關係，所以纔聽得很高興、很開心，而且頻頻地說不虛此行。這無異是南雍已朝向探究宇宙人生眞理踏上了起點，西諺：「好的開端，是成功的一半。」他具有這份福德因緣的殊勝緣起，預卜爲來日法王座下的干城，不辱使命的如來使者。

辭出後，我帶他到松山寺後面吳興街去瞻禮清嚴法師的肉身。回來以後，我仍然到道老樓上，道老他依舊那麼歡忭關心的問：「這是趙佛重居士的大孩子？」我回答說：「是的，他是男孩子中最大的一個，他上面有個姐姐，出了學校門，一直就在中華航空公司上班；還有三四個弟妹，最小的讀國小，這樣算起來，他排行第二。」

道老踏着穩健的步履，好有勁的樣兒，輕輕敲擊着雙手，一面周匝圍繞着沙發的外緣蹀來蹀去，並以肯定的語氣唱言：「德厚物榮，趙老信了一輩子的佛，爲佛教作了無邊殊勝的功德，護持三寶，熱心公益，澤及無窮，如是因，如是果，他趙家的子孫，端的昌盛繁衍、綿延，千年萬載，世世代代！」

## 七五、丹心照汗青

炎公西歸後，佛重居士遵佛教儀式治喪。他老生西追悼會，在我到臺北的第三天下午，由「榮總」移靈至市立殯儀館景行廳，依佛教儀式舉行。起靈儀式隆重，由五位法師誦經，禮請演培法師主持說法。

次日公祭時，何應欽將軍代表總統　蔣公公祭，黨國元老、中央各級首長、名流、學者，冠蓋雲集，備極哀榮。佛教諸山長老、出家二眾、佛學院學僧、老師眾等參加誦經。道老剛好在大崗山傳戒三壇正授，白老遠在南洋沒回來，都不在臺北，於是請南老主法。據說臺灣任何在家居士的追思會上，歷來各寺院自動前往誦經說法逾百僧眾，香烟繚繞，梵唄嘹亮，莊嚴隆重的如此浩大場面者，尚屬首次。這是老人數十年來虔誠擁護教城，恭敬三寶，人天同悼，四眾哀思的一種自然的表現。

炎公的追思會後沒幾天，我去趙府，客廳裏坐着炎公的一位朋友，也就是前面曾提到過的閩籍至交王老先生，正在同李志高先生談論炎公這次為何突然害病，且一病不起的原因。李先生說：「老太爺自從上次體檢以來，一切情形都很好，胃口幾乎恢復正常，精神也旺盛了很多，照說不應該病才是啊！」

高年的人，尤其近百歲的老人，不能讓他有太突然，太重大的刺激。王先生說：「對的！夷老他老人家的愛國心，雖然年近百歲，卻從不後人，實在罕見！如此愛國家、愛民族、愛人類的老人，眞的找不到了啊！他老的病因，想必與這有密切關係。」

李先生聽他這麼一提，才驚愕的說：「你老說對了！老太爺平日對國家大事最關懷，前些日子日本、美國等縱容大陸共產黨入聯合國，老太爺從中央日報上獲悉這個消息後，心情顯得沉重下來，下午就病倒了。」

記得那次同炎公住在醫院時，他老人家曾談過：「東北張作霖被刺」、「一二八」、「九一八」、「冀東自治」乃至「七七蘆構橋事變」，民國以來，這一連串日本侵華的史實，記憶猶新。最後談到日本天皇制沒被罷黜，乃至戰俘一律遣送回國，全是我們總統寬大爲懷所致。他老對「一二八」這些國恥的傷心事，常興嘆不已。誠然，這些歷史陳迹，時間固能使創口復原，但畢竟至深且鉅，一時難以拭去，無法彌補，叫我們如何忘得了呢？尤其是日本，他們侵略成性的心理還不去掉的話，縱經若干世紀，也未見得能完全抹煞得了。

總之，日本人若又背棄我們，那簡直是太沒良心！必定會導致無可挽救的後果——因果律的嚴厲懲罰。如今大陸來臺四、五十歲以上的人，應該記得很清楚，八年抗戰的血債，我們不究既往，一筆勾消。如今他們一躍而爲世界經濟大國，試問這個恩惠是從那裏而來？如今竟然全都遺忘，又開始向我們張牙舞爪，可恨、可惱！

## 七六、正告日本朝野

張曼濤居士，過去在日本京都曾發表一篇讜論——正告日本朝野人士——藉以喚醒我中華男兒。其着眼點是：「正（警）告一些日本人，直截的斥責他們那些喪盡天良的當朝執政者，不要忘了過去對華侵略戰爭，正是你們這些當年少壯派，泯滅天良的人帶給我們舉國的空前浩劫，害死了我們數千萬同胞，毀滅了我們同胞天文數字的財產。漫長的黑夜，數不盡的明天，千山萬水，萬水千山，流離逃亡，逃亡流浪，凡是炎黃子孫，誰不痛心疾首，髮指眦裂！這筆血債和仇恨，清算得了嗎？蹂躪、踐踏、兇狠、殘暴，深深烙印在我中華兒女們的心頭，難道能一下子揩拭得去嗎？

中華的兒女們！想一想，八年抗戰，灑熱血、拚頭顱，那些死在日本刀槍下和躺在疆場上一具具的殭屍寒骨，那一個不是媽媽的愛兒？心頭恨！心頭火！何時休？何時了？滾滾遼河，滔滔江淮，怎能洗得盡國仇家恨？那怕排山倒海，也擋不住中華兒女們的憤怒和正義的伸張。日本的當政者，這些無盡期的哀傷和劇痛，難道不是你們過去逞一時私慾而帶給我們同胞悽慘絕倫的災禍麼？」

據說，此文起初是直接向日本人口頭責備，後來則撰文在日本華僑創辦的《天聲》雜誌上發表，曾引起日本人的慚恧和歉疚。

青年朋友們因爲沒有親身遭受，當然不會知道過去日軍侵華時殘忍到何等程度！特借此敍述張曼濤居士這篇宏文要旨，藉助瞭解沉痛的國恥，暨趙炎公何以見到日本人負義而氣憤塡胸，罹病不起的緣因。所以，愛國心如此強烈的老人家，想到日本人的倒行逆施，恩將讎報，忘恩負義，這些痛心疾首的事蹟，誰能受得了？怎能不因此而病倒呢？

## 七七、遵遺命　修文獻

炎公西歸後，聞起先生（刻榮膺中央信託局顧問）恪遵生前吋囑，爲趙氏宗親會採輯編纂《琴鶴堂叢書》十二種：一、《趙清獻公文集》，二、《趙氏尊祖錄》，三、《天水趙氏大宋皇帝皇后像紀》，四、《趙氏歷代名家書法選萃》，五、《趙資政恒惕墨蹟》，六、《趙忠靖公行營雜錄》。七、《趙氏歷代金石錄選萃》，八、《趙氏歷代名畫選萃》九、《菜根譚全集》，十、《明・劉伯溫公傳家秘笈》，十一、《外丹功》《內丹功》，十二、《仙傳道德經》（附註釋）唐・司馬承禎貞人刊正。

昔日炎公勉之曰：「曩昔氏族皆各有其家學，世代相傳，族中弟子，得典型夙昔，實用當時。自西風東漸，人尙功利，對向所奉爲傳統之家學，每因鮮能知曉而失信守！吾心憂時，不欲氏族之學從此淪胥，嘗有志於趙氏叢書之編輯，終以年老體衰，久久未成，今姪稔知氏族之學，幸卽本尊祖敬宗之精神，完成吾之願望。」云云。按《趙氏琴鶴堂叢書》整理方面有：《趙氏尊祖錄》，《趙淸獻公文集》（北宋副丞相趙抃）。此叢書，炎公在世，卽已命孟完先生監修，聞起先生主編。自民國六十年起，每年出書一、二種，迄今已先後印行六種。

迨炎公西歸後翌年仲夏，聞起先生卽選用聖經紙，單面精印，逾一千五百頁，二十開本，仿古線裝三巨冊，加函的《趙淸獻公文集》，備極莊嚴。並另將老人墨寶廣爲蒐集，照相製版，分門別類，按筆畫順序，編印成冊——《趙資政墨蹟》，不但永垂紀念，亦無異最完美的隸書字帖。遵遺命，以銅版紙彩色精印十六開本《天水趙氏大宋皇帝皇后像紀》，以臻發揚光大趙姓族氏之殊榮和光輝。另外《菜根譚全集》、《外丹功》，各印數千部，惠贈海內外圖書館，暨最高學府與國內外學者名流、機關團體，永誌紀念。其餘數種，相繼印行。

復次，此叢書除一部分列爲「非賣品」供贈閱外，另有數種爲普及、永恒流通，刻由中華書局經售，以期前賢有所傳，助後學有所參考。以上每冊，聞起先生均請孟完先生書撰序文，綴於書首，莊嚴篇幅。惟圖報令叔大人宏恩，樂此不疲，締具碩果，堪爲告慰炎公於蓮邦！

## 七八、墨寶永昭人間

復次，佛重居士於棄養後，即謹將令尊手札廣爲蒐集，並請梁寒操先生題署——《趙夷午先生手札》——另倩周德偉先生撰〈衡山趙公傳略〉(附錄六)，綴於篇首，謹昭懿行。依原札規格，套色彩印成冊。另出生活影集，請郎靜山先生題署——《趙夷午先生影集》，均相繼恭印行世，廣結善緣，是爲炎公精神永昭人間，澤惠後昆！

寫字是一門艱苦的工作，人皆知之，一醮上墨，就得聚精會神，全神貫注在筆端，攝心、屏息，手腦並用；而且要小心翼翼地運筆，一站就是老半天，煞是費心。還有磨墨，那更是不好熬的功夫了。道老說：「過去炎公爲總統祝壽，書寫《蔣氏慈孝錄》——〈報國與思親〉——的時候，因文句長，字數多而小；字愈小愈費氣力和精神，累得他老人家患了一場病哩！」所以寫字這門徑，實在說是一件很辛苦的工作。

記得十年前，我首次去木柵脾腹路趙府，其大門上就貼有「暫謝文字之役」的小紙條，這是炎公家人恐怕他老已屆高齡，長年累月書寫，有礙健康，不得已而爲之。

事實上的確也不容許了，風燭之年，一天到晚，寫個不停，殫精費神，當宜注意及之。

說起來，恐怕別人都不大相信，我自始沒有他老親筆落款貺贈的對聯或條幅，但卻多次爲別人求過字。這些年來，因爲時常與炎公見面，以爲機會多的是，雖然有時相催，但總是說了就過去了。

唯一的，於民國五十九年夏，承蒙書寫「慈淨寺法王寶殿」七個大字，另落款：「中華民國五十九年夏趙恒惖敬題」貺施，而且是出自他老不請自寫，彌足可貴。因那時我在玄奘寺，五年後，離寺下山，便一直過着雲遊及山居生活，所以他老的這份墨寶，一逕珍藏，也沒向任何人說起；直到最近(七十六年九月)因緣現前，擬於埔里購地建寺，早酬此願，交其哲嗣佛重居士寓目，歡喜無量，並請他曁劉國香、楚戈等三位居士發心書撰將來本寺大殿佛龕兩邊、三門所須的對聯，以莊嚴道場才出示。同時我將炎公此「眞迹」影印了三份，而且游永福居士以透明壓克立板褙貼分贈他們，以誌永恒紀念。

現又回過頭來再說到妙峰法師求墨寶的事上來。那次爲他求墨寶時，因連同印公導師那副一起寫，字又大又多，人累得好厲害啊！自從目覩高齡老人寫字時那麼樣辛苦，那麼難受，我再也不忍心去催促他老人家爲我自己寫字了。

民國六十一年十一月炎公生西的翌日，紐約中華佛教會的住持妙峯法師因探印公導師的病回國，我們已十多年沒見面了。回憶民國五十年我們同住慧日講堂，他待我甚厚；這次回國，我也特地請他去玄奘寺，他告訴我：「仍決定在紐約市區或郊外覓地建道場。」於是我把炎公從前籌建梨山叢林時就已寫好的「福壽山、般若禪寺」，這稀有的墨寶，割愛奉贈。

並對他說：「趙老過去對你也非常稱許、讚歎；如今距他老往生還只有十多天，梨山建寺是其最大的心願，如今我們來此，而該處因緣尚早；然這四個大字——般若禪寺——是他老人家的精神所在，如今謹以賫贈，敬請納受，將來你建新道場時，唯一的希望和請求就是，將來寶刹落成，亦以此得名而稱之，倘若地點亦用「福壽山」，則福慧具足，法輪常轉，當然更爲完美。亦預祝法運昌隆，佛日增輝；法體亨寧，福慧莊嚴。」當時妙峯法師喜出望外的說：「那當然，一定作爲將來新道場的寺名囉！」我覺得若能這樣，則炎公的精神永在，而宏遠，更光大！妙師又說：「以後石刻懸嵌於山門楣際而莊嚴之。」如今他必珍藏而尊爲鎭山之寶矣。

炎公住世時，雖已九十高齡，但每天仍照常臨帖、練字。我怎麼那麼大意，時常看到他老書房裏面的字紙簍盛得滿滿的都是曾寫過的字紙，假使那時我留神都把它收集起來，如今我便成爲珍藏炎公墨寶最豐富的人了。想起來，這多麼可惜！

炎公往生不久，承李志高先生餽送我一副剛於前面介紹過了他老寫的對聯，聯句是他老恭錄《華嚴經》十地品裏面的兩句偈言。不久，因我俗家一位故學長楊敬斌兄的大女兒庸侄快要完婚；結婚後，卽將相偕去南洋，我沒有可資餽贈的禮品。庸侄的應用文不錯，小品也寫得蠻好，平日對書法也有興趣，刻任某公司秘書，我只有把這唯一珍貴的墨寶持贈。後來他也像我一樣珍惜的隨身帶去了新加坡。

不久以前，荷承炎公哲嗣佛重居士餽送一副令尊的眞迹，並請他代爲落款及附註，則愈符眞實。另蒙惠施炎公的壽齒、及從前穿着的漢裝便服以及平日炎公常常書寫所用的毛筆，以誌永恒紀念。

炎公西歸後不久，就有坊家及有識之士着手價購珍藏他老的墨寶。其實，他老人家遺留世間的眞迹並不太多，尤其是晚年，除了佛門道場及較熟悉的大德求請惠賜外，其他就很少了。所以除了佛教道場，或數居士家中偶爾可見，其他地方，那就很難得見到了。

我們都知道趙炎公的隸書已經爐火純青，但「行書」也同樣的好。過去道老就特別喜愛他老的行書，所以他很希望炎公用行書寫中堂及條幅送我們。道老說：「趙老他老人家說要同我們寫字，寫了好多年，都沒有寫，一百歲叫得應的老人家，再不寫，如過一、兩年，手就提不起，腕力也不够，到那時候想寫也不可能了，你要催一催才行。」還說：「趙老的隸書可說已出神入化了，也同一些人寫了不少；但他老人家行書的工夫也是一樣的到了家，可是知道的人很少，不過趙老不輕易寫。同我們各寫一副中堂、對聯，暨小小的一張橫額（座右銘），用高級的器材鑲嵌作好置於案檯。再者，他老人家爲我們所寫的東西，如能一律用行書寫，則以後我們有的，人家卻沒有，那才更希罕，更珍貴哩！同時，高年的老人家寫隸書很吃勁，苦死了，實在也是寫不動。如果寫行書，那就輕鬆得多，以後向他老人家說，同我們寫的東西，不要寫隸書，用行書一樣好。」

道老也同我一樣，沒有炎公餽贈親筆落款的墨寶。我把道老希望他老爲我們寫字時，一律請改用行書的意思代爲轉達，並特將六十張安徽宣城的夾宣暨虎皮宣紙都已經準備好了，詎料他老溘然離開了我們，能不悵然若失！

所幸我在玄奘寺的時候，道老自己拿錢出來石刻玄奘殿前面牌坊上端的「慈恩宗・玄奘寺」六個大字，及正中兩邊一對柱子上的對聯；「寺古林幽，龍飛鳳舞；潭淵嶽峙，虎踞龍蟠。」（道老撰聯）在我離開玄奘寺的兩年前，我們就已嵌好在上面了。

## 七九、爲翰爲屏　擁護法王城

一副由炎公書寫，道老撰讚玄奘大師的名聯（前面已錄），又《蔣氏慈孝錄》上的〈報國與思親〉長文，都是他老所親書。還有玄奘寺籌建玄奘殿的緣起，也是，爲紅綾精裱的大摺叠本。最後面還有贊助人章嘉、印順、道安、白聖、南亭、道源、東初、演培、妙果、斌宗諸位法師；陳誠、何應欽、于右任、張羣、張道藩、黃少谷、唐縱、黃杰、王永濤、梁寒操等諸位大德親筆簽名，共有數十位之多，更具歷史意義。如今他老這些墨寶均由玄奘寺暨道安法師永久紀念會珍藏，永垂千古！

炎公住世時，擁護教城，不遺餘力；尤其佛教會、善導寺，他們過去的一些大問題，如果不是炎公出面，別人是無能爲力的，其一生護持三寶的事蹟，可圈可點的地方，實在書不勝書！

有一次，曾在臺北衡陽街三葉莊，同陸劍剛居士談話時，他很感傷的說：「唉！他老人家可說是一位無一事不盡其誠，無一人不得其所的典範，而今而後，宛如離了岸的舟航，隨順歲月的推移流轉，愈走愈遠了！這眞是我們佛教裏面一個莫大的損失，今後想再找這麼一位爲教忠心耿耿，德高望重；尤其能直接與　總統談一些問題的長者，不可能了！」

## 八〇、道老與炎公的因緣

如果論道老與他老的交誼，總在三十年的樣子了。溯自民國三十四年抗戰勝利伊始，道老還在桂林任廣西省佛教分會理事長，未幾應其邀聘，回湖南榮膺南嶽首刹祝聖寺的方丈（凡數百僧眾）時，道老齡未及四十。那時他老是該寺的大功德主，也是整個南嶽山上諸大寺院的護法韋陀。尤其道老晉山後，南嶽佛學院復課，籌創覺民大學（前面說過，首次木柵造訪，炎公保存了二十餘年的十七兩多的小金塊的原先用途，就是指的這件事。）開辦附設覺民小學等僧教育，全仗他老作「外護」，登高一呼，而得以如期實現的。惜乎，草創伊始，端倪略具之際，紅禍氾濫，大陸變色，顛沛流離，輾轉來臺。以後，他二老之間的因緣亦愈爲漫長而殊勝矣！

誠然，迨民國五十年夏季，道老出任臺北市善導寺住持前，該寺監院悟一法師曾多方勸請屈就，輒爲道老峻然相拒。當時連李子寬老居士受託前往禮請時，進門後亦無法啟口，乃知難而退。

該寺董事會，眼見事態嚴重，僵局無法打開，幾經商議，乃推出最後一張王牌，由悟一法師、李子老、孫張清揚居士等連袂去趙府，勸請四方是則的炎公玉成。道老那次可說完全爲了尊敬德高望劭，湖南老鄉長的關係，方爲首肯。那時他老親自出面，係出自悲心，完全是以佛教道場爲前提。

炎公過去在汐止慈航老法師閉關期間，聽聞講經時，曾聞諸黃孟林居士：「趙老對慈老非常崇敬，依教奉行，恒執弟子之禮。內院、靜修院那時有些事情，都是承蒙他老人家和鍾伯老二位出面承擔及護持而得圓融無礙。道老那時應慈老邀聘，也在彌勒內院佛學班教佛學，得以同趙老共同生活一處逾兩年。所以道老一生對趙老，總是以感恩的心念推崇、敬仰。」

道老接任玄奘寺第三任住持職，前面已經說過，這也是炎公的美意。不但如此，在遴選玄奘寺首任住持時，就準備聘請他出掌，但因道老兼任臺北首刹善導寺住持已久，分身乏術，才改聘太倉老和尚陞座。

只可嘆，道老在玄奘寺住持任期內，由於所秉之職太多，以及外在少數的因緣，以致於我在玄奘寺的那幾年之中，他不但忙得無法處理玄奘寺亟待處理的工作，而且終年忙得連上山的時間也很少很少。我在前面也說過，炎公住世時，從不責難，最多只不過詢問：「現在道安法師住在什麼地方？」而已，可是他老內心的沉重、躭憂，我是知道的。當初炎公對道老出任玄奘寺的期望之大，我亦深知。唉！究竟一些因緣際遇把他弄得有翅（志）難展。啊！像這些突出的事，誰能逆料呢？

## 八一、春雷陣雨新芽

炎公住世時，世俗上的功名、德業成就均具足，但於佛教，雖然護持三寶，不遺餘力，也培了好多福；可是悲心彌篤，總想於佛門中再作一兩件更具體而富規模的事蹟——功德，以嘉惠後人；尤鑒於教運不振，僧才短絀，目前臺灣佛教界較具規模之研究機構，尚付闕如。基於這兩大因素，他老總以擴建玄奘寺暨籌建梨山叢林爲悲切心願，盼能早覩其成，垂裕後昆，福利人天。

道老曾是這殊勝情事發展過程中的主角之一，如果少掉了他，則全文不但黯然失色，而且無法交代，所以必須以其行誼作陪襯、烘托，才能使得全文更貫通、具體、眞切、生動，而富情感和活力。所以我把它留在文章的最後作壓軸，旨意在此。

現在我再回過頭來敍述玄奘寺的往事，與梨山籌建福壽山叢林的一些差別因緣。因爲這兩樁事，以我來說，無論對當時事實的狀況和演變過程，乃至發展的前因後果，以及先總統　蔣公的殷切昭示、垂注，炎公念茲在茲的慈悲心腸，不休不眠的切願大行，瞭解得較爲清楚。如今炎公壯志未酬，宏願未償便溘然西歸，對我而言，總覺得有負他老殷切的期望。每念及此，愧疚曷極！雖然他老已長辭塵世，到如今，只要有關此事的因緣際遇出現，我總是依舊不計一切，竭力以赴，庶此微功，用答殊澤；且藉以仰慰故總統　蔣公與炎公於蓮邦，圖報四恩於萬一。今略述其因緣如次：

昔日梨山建寺的殊勝因緣，因前玄奘寺第二任住持演培法師的差別因緣出現而告停輟。如同一顆長埋地下休眠的種子，忽然一陣震撼山嶽的春雷再響，卻又把它從睡夢中驚醒了過來，在風和日暖的陽光普照下，觸發了欣欣向榮的生機，抽出新綠的嫩芽，但願勤加灌漑，逐漸的茁長壯大。

去年春，張曼濤居士創辦了大乘文化出版社，主編一部篇幅極爲龐大，爲數一百巨册，總計三萬六千頁，劃時代的現代佛教學術叢刊——《民國年代的大藏經》——發起徵求預約，曾耑誠去星、馬、曼谷徵求預約。事畢賦歸，途經香港，得與港、澳地區僧伽會會長洗塵法師(以下簡稱洗師)談及國內佛教狀況時，洗師發心願回臺灣，希望能找到一塊大的土地，蓋一個禪宗道場，這個禪宗道場，旨在安僧辦道，接納世界各國有志學禪的四眾弟子暨青年學子，用功辦道。張居士歸來後卽與我談及此事。

## 八二、因緣現前 再度上梨山

前面曾說過，梨山籌建佛教叢林，由於差別因緣而中途停頓，如今香港洗塵法師發此菩薩心行，誠爲人天共讚，諸佛歡喜的大功大德。尤爲 蔣公與炎公住世時之斯願得以實現，曹邱之任，義不容辭，當願引見與輔導會趙主任委員晤談。

第一次趙主任委員復函：「原則同意，先勘定土地，然後再向前途言之。」第三次接奉復函：「日前曾向梨山管理局沈局長交代此事，屆時並請其協助勘察地形。」不數日，洗塵法師率團赴日、韓訪問賦歸，過境時特爲此事在臺北逗留數日。我卽與張曼濤居士陪同，從臺北出發直駛梨山，勘察建寺地點。

翌日，遵孟完先生雅囑，造訪梨山管理局沈局長。沈局長曾任陸軍中將軍長，功勳卓著，寬宏豁達，熱心助人，是一位心智睿敏、德高而頗具學養的地方高級首長，也是洗師的同鄉，暢談良久。惟天公不作美，細雨霏霏，濃霧籠罩了整個山城，久未開朗。管理局對面卽次高山（據說海拔實際比臺灣最高的山王——玉山，還要高四公尺），其出麓平坦地帶，陷入煙雨迷霧中，新開的路泥濘難行，車輛無法進入；亦無法眺望，只能從史忠居士及沈局長的口頭描述中，揣摩概略。而洗師依據他們描述的情形及隱約可覩的半山以下形狀，對其地形有所領會，亦甚滿意。

聽說那裏靠河岸的一塊平地，政府已撥交某機關，備作該機關退休人員落居。如果這塊土地能爭取，倒很理想，問題怕不容易辦得到。因爲年逾花甲的人，尤其是曾在囂嚷城鎮久居而生厭的人，都想遠走高飛，找一處僻靜地帶，怡情悅意頤養天年。在這種情況下去進行，很可能遭致難以克服的困難。

## 八三、天池巡禮記

辭出，旋去福壽山農場勘察天池大觀樓及附近地形。瀕行，沈局長爲我們與該場新任宋場長通電話預先連絡。我們在場本部談了一下，品茗少時，向天池進發。車停，徒步數分鐘蜿蜒而至，進入參觀，上二樓瞻視，小甜食頃，此大觀樓雖係國家元首小憩餐宿處，但室內極爲儉樸。聽看守人說：「總統曾在這裏請過幾位院、部長午餐。」盛夏在此高處不勝寒之處宴客，眞是別具風味，興趣盎然。

覽物之情，冼師既歡喜，又慨嘆說：「倘若能請蔣院長經國先生布施出來，將來樓下一切的陳設，原狀不動，以誌永恒紀念。樓上改作參堂，學人於此用功辦道，行香，坐香，於此禪思，眞是天籟無聲，地籟不驚；寧靜致遠、心物一如。再者，舉世有志來臺修學之佛弟子，曷勝榮幸，外賓參觀，亦極欣羡、景仰。尤為國運昌隆，中興將至之象徵。」

張曼濤居士接著說：「倘若有人直接同蔣院長請示，他會答應的。原因是福壽山修建佛教叢林，這是多年前老先生（總統）的宏願，而且大觀樓是老先生很得意的地方，且曾在此小憩、宴客。再者　總統一生很想修一座大寺院——慈恩寺，用來紀念王太夫人，圖報昊天罔極之恩，只是過去那某種逆緣頻頻障礙。以此因緣，如貺贈供作佛教道場，不但更有紀念意義和價值，而且保存得更久遠，更眞實；同時為舉世造就佛教人才，功德難倫。尤慰　蔣公在天之靈；覩乎歷代帝王發此大心而宏施者多矣。

再者，韓戰仁川登陸之役，當北韓竄入大邱時，斯處慶尙南道、伽耶山巍峨雄偉之名刹海印寺，被共產部隊佔領。當時聯軍指揮部擬予轟炸，並通知韓國空軍司令部待命出擊。韓空軍司令部指揮官得悉後，即強烈反對，他的理由是：海印寺是我國《高麗版大藏經》古本木刻版巨達八萬版的珍藏處，這部《大藏經》是出苦飛航，國之瓌寶，如果因炸小股共軍而摧毀掉千百年來的歷史文化，這是很不值得的，也將是永遠無法挽回的遺憾和莫大的罪過。他又說：「寧願犧牲個人生命，也不能同意聯軍轟炸。」因此幸而保全了那部木刻《大藏》，也保存了海印寺宏偉的古代建築。後來北韓敗退，那一千多名共軍也自然撤離，至今該寺與高麗木刻《大藏》版仍然完好無缺，這便是那位空軍司令寧捨生命而阻止聯軍轟炸的大功大德，迄今猶爲韓國人士稱道不已。

迨朴正熙先生榮膺統領後，爲策安全，永垂人間，不但海印寺修復舊觀，而且在海印寺後端山麓開鑿龐然山洞，除防火災外，洞內敷設現代化設備，空氣、溫度、光線都能隨時調節，落成後卽將高麗藏八萬版，悉數遷入保存。韓國連年兵燹，民窮財盡。戰爭結束後，元氣淪喪，民不聊生，朴氏則將保護國家固有文化列爲最優先，博得其國人頂戴敬仰，世人稱頌。中、韓兄弟之邦，豈甘其專美焉！倘若因緣成就，則相互輝映，永垂佳話。」

那天山上的天氣很差，濃霧迷濛，細雨霏霏，車燈光度失效，行駛艱危，幸一路上有驚無險，當晚遄返臺北。

## 八四、惟願早觀其成

洗塵法師在香港自創兩個學院，且係兩個寺院的住持兼董事長；另附設中學、幼稚園及慈善救濟事業。他也是港、澳地區集教育、文化、慈善事業於一身的僧伽長老，爲法劬勞，席不暇煖。他此次訪日、韓歸來，甫下飛機便告訴張曼濤居士：「這次來到臺北只能逗留四天，因爲香港有事要趕快回去。」但因梨山建寺事，順延到第六天才賦歸。

所以當從梨山勘察後回到臺北的第二天上午，我很冒昧的撥了三次電話到趙主任委員的公館，雖然那天正好是星期天，但據說：「趙主任委員已去榮民總醫院巡視，下午才能約定見面時間。」連星期天都席不暇暖，如今的政府首長，勵精圖治，爲國劬勞，在反攻復國的大前提下，眞是好忙，好忙啊！上午我們陪洗師到桃園去看一塊近百甲的土地，下午（四點四十分）我等在大乘出版社，接奉輔導會主任委員辦公室的電話，相邀卽去輔導會與趙主任委員孟完先生會晤。

跨進輔導會大門，乘電梯上三樓，坐在靠電梯門前面也是我從前與趙主任委員談過話的那間會客廳裏，不過如今的座椅換了方向和位置。我們坐在古樸、敦重的太師椅上相候。

少頃，靠內面通主任委員辦公室的門開了，由一位臉孔陌生的先生（可能是秘書）出來引見。主任委員總是穿著一套藏青色的中山裝。從他的穿著上，給人留下簡潔、樸素、平實、坦誠的良好印象。

他的記憶力很強，張曼濤教授還是八年前一同去梨山，那晚在梨山賓館只見過一次面，而且我們共有四、五位，又隔了這麼久，他今天一見面竟能立卽說出如何名字等。一位政要，日理萬機，還能牢記將近十年而又不太突出的事，還又這麼淸晰，眞是一件不容易的事呀！這就是他成功獨到的地方。

我介紹洗塵法師，交換名片後，他引我們進他那間極爲簡樸的辦公室。我與趙主任委員雖然好幾年沒見面了，但他依然是那麼健康、恬靜，堅強得令人敬仰可親的那個平凡中不平凡的老樣子。

## 八五、洗塵法師一席話

洗塵法師由於剛才聽過趙主任委員簡略的發問而藹然的說：「觀夫世界潮流的趨勢，歲月時序的推移，法爾如是的多少興衰、隆替，英國哲學家羅素說：『普及宗教是拯救世道人心最好辦法。』佛教發祥於印度，光大於中國，而大乘佛法尤爲最。西方預言家早已喊出：『二十世紀是大乘佛教的世紀』，所謂大乘佛法世紀，卽中國人世紀。是故我國佛教，今後在世界上居於何等地位及負荷使命之重大，不言可喩。環顧國內、外佛教學術界之動態和趨勢，在國內創辦一個負起承先啟後，培育人才的禪宗道場，實爲當務之急。我不願把錢丟到國外的土壤上去，只要我們政府確能予以有力的支持和方便，我倒很願意回到自己的國土上來建築一座具有規模的寺院，納受國際有志佛學青年學子研習——僧教育。」

趙主任委員聽取洗師談話後，他對洗師準備回國興建頗具規模而賦予偉大使命之禪宗道場的崇高遠大的心願和計畫，不但極表讚歎和支持；並無限慨嘆地說：「總統　蔣公住世時，事無大小，凡所吋囑，可說我都已辦到了。惟對梨山興建佛寺的這樁大心願，至今還沒有同他老人家辦好，每念及此，殊爲不安。爾後只要能力所及，本會當竭誠協助，以期早觀其成，仰慰　蔣公在天之靈。」

我們談到福壽山天池大觀樓的情形，孟完先生相告：「　蔣公對此，備加讚歎，親爲題名——大觀樓。其寓意：鑒于斯處居高臨下，遠眺四方，海闊天空，一覽無遺。再者，蘊含有《學》《庸》裡面「大」「觀」哲學的義理在。」

言畢，特爲介紹該會唐處長見面認識。並說：「我自己經常出差、出國，公務忙，有時不在會裏，以後有關梨山建寺的事，隨時隨地請與我們這位唐處長洽談即可。」那次，我們廣泛交換意見，談了一個多小時。

不過問題的焦點，仍然是在撥土地的上面。如果福壽山上的土地不能撥交使用，申請手續又由我們自己來辦，以我個人昔日于玄奘寺多年以來的苦痛經驗，又循「等因奉此」的途徑，恐怕很難；「前事不忘，後事之師」，倘若日後又告面臨，那我們絕對要貫徹主張：一定要等我們所需的土地完成一切申請撥交手續，且經法院公證而正式生效以後，我們才着手進行興建事項，這一點最要緊。

## 八六、自助而後人助

當然，今日梨山與日月潭的情況不一樣，炎公如今已西歸，將來如果能請趙主任委員發心出來擔任籌建委員會主任委員，那是最理想的人選（過去玄奘寺是章嘉大師任主任委員，炎公任副主任委員。）這一件續佛慧命，安僧辦道，正法得以久住，而福利人天的殊勝功德的善事，我想孟完先生他一定會欣然應諾的。

不過，從事於這一件為世人稱揚，為盡未來際佛法興隆奠基的巨業，洗師本身的睿智、抉擇、勇氣、決心、魄力（剛毅力）也是非常重要。至於趙主任委員方面，將來見到我們真實地胼手胝足在那裏墾荒開山，亦必願樂欲為，進而更會引起當局，乃至社會人士以及海內外的重視和大力支持的。一樁偉大事業必須經過千錘百鍊才會成功，所以我們要有歷代開山祖師愚公移山那樣的精神勇氣與毅力，事怕有心人，有志竟成。

談話時，有某君聽到洗師說：「如果政府確實能够支持，我可先拿出新臺幣一千萬元做開辦費。」當時他聽了有一點詫異：「將來梨山修建這麼有規模的佛寺（叢林），需要多少億新臺幣，才能承辦得了？一千萬元，恐怕無濟於事。」像他這樣的懷疑和顧慮，這是必然的，因爲他對僧團實際情況缺乏了解，他的生活過程中，沒有這一段人生經驗，這也難怪。其實說起來，這也是社會一般人士對此種情形難以了解得到的地方。

按佛教開闢道場，不論古今，不論大小，除了極少數特殊情形以外，都是先動工，錢才會來。從來沒有聽說，首先把預算列好、企劃好，銀行有多少存款，然後再發包施工。大凡一個佛教領袖（此處指方丈、住持）或苦行僧，只要他發下悲切的宏願，遲早都會完成的。這種實例，不勝枚舉。何以故？古德云：「道裏面有錢，錢裏面沒有道。」何況建寺塔是爲福利人天，千年萬載，供人瞻仰禮拜的道場，古德稱大功德聚，是故慷慨捐輸，人人樂此而不疲的。

## 八七、莫遲疑　莫等待

據說洗師于民國卅八年大陸變色，他從東北家鄉隻身輾轉來到香港，廿餘年來如一日，全憑他自己的聰明、願力、膽識、毅力以及慈悲爲懷的精神和大行，在香港彈丸之地博得廣大的善信護持下，已建築了兩座寺院、開創了兩個學院、一個中學等佛教事業。這些年來，領導四眾弟子作了很多佛教公益、慈善、救濟等工作，更是我們政府和僑胞的橋樑、喉舌；其信譽之高，德望之隆，以及在港、澳地區影響力之深，是人人皆知的事實。洗師信譽卓著，德高望劭，普受信眾擁護，日後倘來臺興建此禪宗道場，自必爲國內信眾頂戴護持。

假使福壽山叢林將來如果眞能付諸實現，他說：「我準備另邀請香港佛教會理事長覺光法師出掌，通力合作，共襄盛舉。」他若能作這番部署，那眞是別具慧眼的萬全措施，無異是成功了一半的象徵。假使能再加上覺光法師雄渾的潛力，等於增加了一倍以上的實力，不但興建大業無什慮患，而且可提前若干時間完成，何等令人興奮！

我認爲：他們兩位大德倘得以回國，則請當局切實予以積極而作有力全面性的支持，使得這個出格的道場，媲美古印度的最高學府——那爛陀寺（玄奘大師留學的道場），造就世界千千萬萬，行解兼優的弘法人才，並成爲世界佛教領導中心，放光動地，宣說聖教，淨化人心，國父孫中山先生的大同思想——人間淨土，從而得以實現。則國運昌隆，民生亨利；乃至羣邪披靡，舉世歸向，捨我而誰耶！羅素說：「復興宗教是拯救人類唯一法門。」旨哉斯言！

民國六十三年張曼濤居士曾于《玄奘大師傳》（通俗本，本寺印行）的序言中說：「來自英倫的歷史預言，已經喊出了未來廿一世紀執世界文化牛耳的將爲大乘佛教。」（湯恩比氏在日本演講時所言，由大阪大學名譽教授佐保鶴治先生引告筆者。）

佛教發祥於印度，宏揚光大于中國，大乘佛教尤見光輝，在未來的時代潮流裏，我們在世界文化領域中，居於最重要的地位。當知今日梨山建寺，端爲刻不容緩之事，是故祇請當局高瞻遠矚，莫遲疑，莫等待！

## 八八、千呼萬喚不出來

辭行時，洗師對趙主任委員說：「下次于雙十節前兩、三天我先回臺灣，屆時包一架直昇飛機，把梨山沈局長所說的那片土地再詳細勘察一下。」但後來聽說國慶日前一天，洗師組團回國參加慶典，十一日因事遄返，梨山建寺事可能從緩。

時光荏苒，季序遽遷，一年卽將過去，我要爲佛教、爲國家、爲僧青年、爲莘莘學子，乃至爲時代所賦予我們的使命而催生。洗師有此能耐、有此膽識，以後我上北投中正山的後面山上住茅蓬，曾兩次請士林華嚴寺能建法師轉兩次信去催過他；惟願諭知：「世間任何東西都能彌補，唯獨年齡是不可以補償的，而機會只有一次。」是故干祈洗師發大心、堅固心，秉玄奘大師「決志出一生之域，投身入萬死之地的孤征遠邁，仗策西征」的精神和悲願，肩負起續佛慧命，爲教城樹立新里程碑，爲佛教開新紀元；進而向舉世闡揚大乘佛法而着先鞭！時一過往，不可攀緣，惟願知時！惟願知時！復次，他日付諸實現，尤爲仰慰　蔣公在天之靈，亦酬炎公畢生之莫大夙願，善莫大焉！

辭出時，孟完先生在接待室，特向我們介紹陳列在角櫃檯上的那隻奉使歸來，遠從非洲帶回的餽贈品——天堂鳥。這隻美麗無比，體重不足一臺斤的玲瓏小鳥，雖然已作成了標本，但是依舊婷婷玉立，栩栩如生，尾毛特別長，上拱而下垂，多采多姿，縱使孔雀開屏，相形之下，也還得遜色幾分，眞是一隻名副其實，珍貴無比的「天堂鳥」。孟完先生告訴我們：「俗語：『愛惜羽毛』這個典故，卽出自牠的身上。」又說：「每當牠發覺強敵迫近時，爲恐弄壞羽毛，鑽進掩蔽物裏躲藏起來，但是身尾都暴露在外面，所以很好捕捉。因爲人人都喜愛牠，因此，已經瀕臨絕跡的危境了！」我們看後，都懷着流連不捨曁惋惜憫䘏的心情跨出門檻。

那天孟完先生很忙，雖然談到日薄崦嵫，當我們尚未告辭前，曾有人暨電話來；可是一直到送我們都踏上了電梯時，我審視趙主任委員所表現的那種從容不迫，博文約禮的風範，眞是罕見，好不令人欽遲！難怪高雄佛教堂首座明道法師曾說：「……趙聚鈺先生……等，端爲今日典型的政府首長。」

## 八九、淒風苦雨話滄桑

民國六十四年四月一日，我離開玄奘寺以後，再度束裝去梨山武陵農場，準備仍然上那裏的「次高山」去住海拔三千七百公尺的岩窟。爲酬夙願，我已八上武陵（如附錄），由於該處仍列爲禁區，外人不可居留而終止。雖然道老慈悲，疊函相催：「速回玄奘寺，共襄盛舉。」並託數位大德力勸：「要我爲佛教，爲玄奘寺大師道場繼續發心，應該速回玄奘寺才是。」

當時一位道友偶有所感，太息地說：「您爲玄奘寺這些年來，任勞任怨，茹苦含辛，到如今，則無異『章甫』之獻，誠可嘆矣！」答稱：「莫作如是說，如是思維，自愧業深障重，無德無修，但求無過，焉可邀功？何況，旣獻身佛教，爲三寶作事情，爲玄奘大師道場而發心，應該『施不望報』。」不過，大凡做一件事情，總得有經有緯，有一個邊緣，有一個原則，方可允執其中，兩宜其便而趣入中道，以臻事理圓融，無諸障難的境地。

還記得道老於民國六十四年五月間從泰國回來時，即函催務必回寺，他在信上說「……玄奘寺常住應該要供養你一輩子，回來後，先好好休息幾個月，然後再開始為常住發心。」（略去一萬二千字）

## 九〇、看黃花又謝了

民國六十四年十一月卅日晚，道老因患嚴重的眼疾白翳障，曾一度下定決心竭力摒除事物的羈絆，想息影於日月潭玄奘寺掩關虔修，在自利利他的原則下，致力於擴建宏願，俾早觀其成，得以仰副　總統和炎公的殷切期望。

當時他於松山寺丈室召集了靈根、妙然、雲霞、天機、智覺、恒一、達中、法振等諸位法師，暨毛惕園、王永濤、陳子平、劉國香、張曼濤、黃景岳、傅余昌蘭等諸位居士，共計三十餘人，當眾宣佈此則消息。當晚道老又囑劉國香居士寫信給我，叮囑務必回玄奘寺去，共赴擴建大業。

未幾，松山寺的當家靈根法師亦來函力勸：「六日來信敬悉。道公于十一月卅日召集善導寺首座妙然法師、監院雲霞法師、玄奘寺監院法振法師、松山寺維那恒一法師和我，以及道公門下幾位在家弟子，在松山寺公開宣布，他因眼睛罹患嚴重白內障，已辭去中佛會常務理事職，定於十二月一日赴玄奘寺閉關作長期休養。（見十二月一日中央日報釋道安啟事）

道公如果眞的下大決心、長遠心作長期休養，對自己身體健康以及道業方面均有益處。道公囑劉國香寫信請　座下回玄奘寺之目的，是因爲他自己坐鎭玄奘寺，請座下協助完成他對玄奘寺一個最大之心願。道公待人寬厚是他的優點，在優點之中還有缺點，等到吃虧上當之後已悔之晚矣！

囑寄佛像事，近日很少看見衡鈺居士，待見到他之後，當以佛像交他郵寄。耑此。」

我遂再函道老（這封信是請過去玄奘寺的住眾悟生沙彌面交的），提出五點意見：「一、人事乃拯救玄奘寺，匡扶綱紀的不二方法。用人如對奕，一子之差，全盤敗北，事實昭然，毋待言說。二、樹立良好制度，共住規約（包括權能區分，分層負責）但應以賞罰分明爲最。以上二項缺一不可，否則玄奘寺永遠別談擴建暨光大玄奘大師精神和創辦僧教育。三、擴建玄奘寺應以添建寮房爲當務之急，不能以興建法王殿列爲優先。四、俟掩關三個月以後，我始回玄奘寺。五、生平無積蓄，過去在玄奘寺穿的衣服於離寺下山至臺中的當天，曾悉數寄回常住。爾後倘回玄奘寺，玄奘寺常住先出錢為作衣服。」（此處略去千餘言）

後來道老為佛教的事，依舊忙着，據說道老上山不久，內政部一位司長及中央黨部一位先生連袂上日月潭，勸請道老出山，為國家盡一分力量，當時並請道老一定要給他們二位三件禮物（答應他們提出的三個問題），帶回臺北交差。是故道老自此以後仍然無法專心致力于百廢待興的玄奘寺了。尤其玄奘寺一切的一切，因煙霾霧蔽，也都懸擱在那裏，問題中的問題，仍然還是問題，不無「看黃花又謝」之嘆！

無論我在玄奘寺那幾年當中，及離開了以後，我總是時常在想：「當初道老與我及某某法師三人，第一次同去日月潭看玄奘寺的時候，那天晚上在湖畔教師會館歇宿，他和我們說的那些話，尤其是最後以囑咐的口吻作鄭重的聲明：『我們三個人來，必須具有把我們自己的靈骨擺到玄奘寺的決心與精神。進入玄奘寺是為了發揚玄奘大師精神，光大佛教而努力。』」這一程，我總覺得我們自己向前走得太少了！

## 九一、披肝膽　獻芻蕘

在去花蓮山居的前一個多月的一個晚上，基于離開道老前，我懷着盡人事而聽天命的情懷，去同他談老問題：希望他勇敢的面對現實，看準目標，拔出慧劍，立定脚跟，剛毅不拔，興革自如，割除一切完全由於他自已本身所造成的羈絆，承當擴建大業，則玄奘寺局面才能有起色、有前途。那是一個寒夜，窗衣漸黑，連照顧他的工友韓吾，道老也要他退下。我與道老二人在樓上丈室談話，將近十二點始結束，前後達七小時餘。誠摯的勸諫，客觀的分析，在話題開始之先，我首先向道老說明：「我們今晚的談話，得先撇開一切關係，希望您能有往昔唐太宗納受魏徵上〈十思疏〉暨平日以苦切語加諸諫勸時候的雅量來談問題，這樣今晚上的話才能談得開。」

那晚上的談話，開始的時候，我都是以苦切語的針砭之言加諸，他也審知我完全出自善心好意的陳述、諫勸，所以那一回，說得道老非常歡喜。瀕行，特地從他房間裏取出甫從泰國帶回來的鍍金項鍊護身佛一百尊（一袋）貺施，這是他心情怡暢、歡喜才有的一種表現。我也覺得罄所欲言而慶幸。但是沒幾天，某某居士聞訊，兼程遠從日月潭玄奘寺趕來，橫施恫嚇，於是好一個老好人的道老，突然間又完全改變態度，那晚上達成的協議，亦不復存在。所以我才懷着「日已暮兮，胡不渡葦！日已馳兮，我心憂悲！」（伍員〈漁夫詞〉）的情懷，毅然遠去花蓮山居。

## 九二、機會一縱卽失

世事太滄桑，因緣難思量，當初道老對玄奘寺眞如常人所說，具諸「出山攬轡欲澄清，胸有陰符百萬兵。」那麼大的胸襟，那麼大的抱負，乃至那麼大的目標以及那麼大的決心和勇氣。詎料晉山僅僅六天的光景，據說狂飇一掃而過（指的是當道老晉山的第六天，某巨公蒞寺時，他那新出家臨時代監院職的××師（出家前任中校政治作戰官），連續出了幾次差錯而導致的）。於是心神意志遽遭斲喪，「一切爲玄奘寺」的意志，從此一蹶不振，就此消沉下去了。

但當我離開玄奘寺的頭年（六十三年）冬天，因張曼濤居士的關係，與臺北市南京東路二段世易水泥公司董事長葛××居士的發心，介紹了一位建築界的鉅子王先生，他準備與另外幾位合力承擔擴建玄奘寺的建築工程，這筆工程費相當可觀，因爲五十九年我們撰擬擴建構想時，曾請一位工程師評估：玄奘寺全部宮殿式工程費暨環境美化，最少要兩億八千八百萬元。不過，首先我們同承建人談的僅屬第一期工程，包括僧寮、香客寮、佛學院、圖書館、倉持紀念館，共計建築工程費兩千萬元。這完全由於張、葛兩位居士出面而達成，對玄奘寺來說，是非常的優厚了。

在前面已經提過，因爲玄奘寺沒有基本信徒，也沒有寺產，一切工程全係募化。當時他對玄奘寺的本身條件及環境瞭解清楚後，表示可先行墊款，等落成驗收後，再分期無息歸墊，但特別申明，絕不變相加價。像這種情形，能有幾人眞正可以辦得到呢？很難！何以故？當然，剛才說過了，張、葛兩位居士是最大的助緣，但也還是承建人本身對佛教信仰虔誠，心量宏廓使然。並且他自己也曾說：「他這樣做，純粹出自培福，替三寶存心作這份功德的廣大心，且深信功不唐捐的果報不失。」原來他過去是浙江杭州靈隱寺的鄰居，髫齡時常去寺裏捉迷藏的小施主。

他對我說：「玄奘寺如沒有錢，沒有關係，我可同你們找幾位非常發心，而久有心願作此功德的大施主來就够了。」他的這些話，都是有事實根據的。最近聽慧濟寺一位楊居士說，過去這位承建人王先生曾經表示，將來玄奘寺沒錢，他可同我們找幾位很發心的施主，其中一位是浙省籍的老太太，往昔在總統官邸服務有年，于前年去世後，遺囑將積蓄一千多萬元捐作幼稚園、孤兒院基金等慈善事業。

## 九三、個個都是法王座下忠臣

他們其中一位川省同仁又說：「當我們進入工地施工後，你們玄奘寺申請至今仍未獲准的那八十公頃土地，由我們全權負責，悉數申請過來。」當時我驚訝的問：「你們怎麼可以呢？」他微笑著說：「誦經、念佛、參禪，我們沒有辦法同你們師父比；但這些過門，你們出家師父就不知道了！」他們究有何等通天本領呢？我沒有再朝下問了，但我相信他們確有這份能耐。

道老獲悉張曼濤居士爲他帶來這個令他又驚又喜的好消息後，使他充滿了無比的希望和欣慰。有一天，道老特地邀請他們兩位一同上日月潭玄奘寺實地瞭解擴建的構想。當路過臺中時，因山上諸多不便，特帶了好些蔬菜、水菓、鮮花供佛，暨招待他們。

第三天早晨回臺北時，因爲這樁事必須即說即做，是故我也隨車一同回臺北；記得車剛離開玄奘寺不遠，葛董事長特別加重語氣的提醒道老說：「老法師呀！這次是你老人家的福德因緣具足，承建人王先生滿口答應，一肩挑起。雖然是我與張教授的小小面子，不過這兩千萬元，畢竟是一個相當大的數字，我們事先一文不付，而能拿到幾棟大房子，不是王先生的魄力、膽識、發大心，別人是很不容易辦得到的。其實我和他並沒有什麼特殊關係，只是過去我同他幫過一、兩次小小的忙，平素他對我很信任而已。要儘量趕快給他們先進入工地，才算可靠，因爲這麼大的工程，進入工地時，最少也要動用伍、陸佰萬元的費用，才進得來。不然，日久怕生變故。」當時道老說：「是的！是的！」並以十分關切的口吻對我說：「要趕快辦，可不要失去這麼好的一個機會囉！」

那次我從臺北回到山上的當天下午，香港良友建築公司董事長周天立居士（道老的皈依弟子）即玄奘寺於六十三年晚春舉行開光，如今供奉於玄奘殿供龕內的那尊玄奘大師取經彩色塑像的功德主。他欣聞佳音，適來玄奘寺，面告筆者：「開工後，我願發心到玄奘寺後面修一小間平居，盡畢生之力，替玄奘寺做監工，負責場地管理工作，輔助承建人完成這偉大的建築。」

後來我們進而同承建人談到玄奘寺整個建築的工程問題。他們起初的工程計畫擬定分三個階段如期完成，但是我們還是給予他們一星期的週詳考慮，經他考慮過後，願發心到底。後來我們先將第一、二期工程計畫，按照五千分之一的地形圖，規劃的法王寶殿、僧寮、丈室、退居寮、香客寮、藏經樓（圖書舘）、佛學院、萬姓宗祠、碑林、蘭若、雁塔的位置平面略圖，暨碑林、蘭若、雁塔以外的各項正面、平面、側面、切面、排水系統、除土量切面等圖十餘種，都提供給他們。其他施工圖，因新換的建築工程師，根據道老的構想，重作實地勘察後，也在繪製中。

他們咸認今生得以承建這座卓著榮譽而爲舉世矚目的佛教叢林——玄奘大師道場——在他們建築史上將留下光輝的一頁，垂諸千秋萬世，而供世人瞻仰、朝拜，佛的恩光亦恒及後人，有踰三生之幸；也可給我們後代子子孫孫永享這份殊榮，是故不計利潤，而願樂欲爲。道老當時也對他們說：「諸位既發此大心，將來大工快要告成時，本寺當專爲諸位樹立一塊大碑，先述緣起，並附嵌各人半身彩色瓷像，鐫刻姓名、年齡、籍貫、住址，永誌紀念，用彰功德。」

當承建手續都辦好了，皆大歡喜，他們並將施工階段須經常提款的臺中兩個信用合作社出納單位的主管人都帶來玄奘寺，見過面，看過施工場地後，大家談得非常融洽。因爲動工後，所有工程費都須經他們撥付結算，所以必須先帶他們來瞭解一下。最後承建人爲表誠意，先將所訂的合同書塡具，蓋好章後，送來請道老簽名蓋章。

這項工程從發端、進行、訂合同這階段，前後我花了兩個多月，尤其中途變更設計（繪圖）工程師，由于某居士做出一件張冠李戴簡直害死人的差錯事情，弄得很糟，使我傷了很多腦筋，可是後來道老忽然又受某某居士遊說蠱惑，來個一八〇度的轉變，誠非始料所及！

## 九四、玄奘寺擴建　功敗垂成

那時道老正在臺中霧峰萬佛寺傳戒，爲了爭取時間，立卽以限時掛號將這合同書寄給他，並備函請他蓋章後，仍以限時掛號寄回，以便儘早交給承包商王先生，因爲他們工程籌備，只要拿到合同書，就可指日進入工地施工。詎料我把合同書寄給了道老，好多天竟渺若黃鶴！所謂時間就是金錢，據說既然其他一切，他們都早已與老法師當面談好了，而且道老也催他們趕早施工，並吋囑我如何如何。照說一切俱足，蓋章應該很快，怎麼好多天沒有消息？王先生也很急，自從合同書交我以後，每隔一兩天，早晚都來一次電話問消息，而且在電話中說：「現在什麼都好了，只等合同書寄來，我們就可進入工地施工。遲一天我們就多損失一天的錢，有少數的東西已付了定錢；我們的技工有些是長年僱用，不論有沒有工作，每天都要按時付給他們工資的。」可是撥長途電話去，道老都避而不接。有一天晚上，我請萬佛寺住眾幫忙，替我轉告老法師一聲，承包商王先生在叫苦呢，兩千多萬的大工程，一切就緒，只等着進入工地了，倘不如期施工，他們吃不消，無論如何要請道老來聽電話。承包商心急如焚，實在等得不耐煩了，只好親自再掛長途電話給道老，道老在電話裏咆哮如雷，完全意外得很的說：「你是什麼心，你難道還不知道嗎？我如今已經虧了幾百萬元的帳，還不够？你是想再給我加兩千萬的債，要拖我去坐牢，是不是？你說！你說呀！章你自己去蓋！你自己蓋！牢你去坐。嘿！我道安才不蓋這個章，才不去坐那個牢哩！」不由分說，啪嗒，他把電話掛上，走掉了！這麼樣子意外的莫名遭致，這怎麼辦？怎麼得了！

當時我坐在電話機旁忖度了很久，若能想出什麼辦法，使得合同書繼續完成，並使工程儘速動工，縱使將來落成了後，萬一有什麼問題，要我去坐牢，這是為佛教、為玄奘寺，乃至為千年萬世受惠者去坐牢，不但毫不難過、畏懼、遲疑；相反地這是很光榮的事。只可嘆，這個突如其來的遭致和轉變，並不是乾著急就能解決問題的，也可說，我想去坐牢，也沒有我的分，何以故？因為本寺的擴建大業是住持承當，監院僅事輔佐之責。這件工程一直是道老在出面，可是現在當合同書辦好，承建人為了表示誠意，先蓋好章，一切具足，只等道老在合同書上簽過名，蓋了章之後，他們馬上就可進入工地施工。沒想到正當皆大歡喜，同慶付諸實現的當口，遽然「不幹了」！像這麼一件美好的事，承建人費了不少的時間和精神，竟然無疾而終，令人何等意外！這怎麼好說呢？試想，事到如今，我再來出面，這個僵局要我來打開，悵望雲天，回春乏術啊！

浮光掠影，空花繽紛，心潮拍擊着湖岸，踩着緊綯成一團的惆悵、憂鬱、太息，我佇立在湖堤岸空處的草地上，細看着不絕如縷的憂絲抽長，隨順着蜿蜒、漫長憶念的小徑遐思：玄奘寺擴建一切的一切，在功敗垂成的冀求與期待的呼喚下，希望的光輝又在我心頭開展。然而一切都已昭然若揭，只好自我解嘲：「奇蹟是永遠不會出現的了！」

沒過幾天，中部傳戒圓滿，道老從臺中回到松山寺後，有一次我們談到玄奘寺人事、經濟、財務，以及佛教文化事業，偶爾談到興建倉持紀念館的事，他立刻悻悻然，所以，我永遠不再提此事。

道老因為幼年出家，從小就住在清淨的寺院裏面，過着單純而極有規律的生活；在他的人生過程中，畢竟缺乏世俗的行政經驗，在某些方面，他的確表現得不夠堅強、果決，平日面臨重大的事情時，他就拿不定主張，沒經沒緯的把握不住原則和重心，以致失掉了好些機會，宛如江河裏沒有舵的舟楫，隨風亂撞，非常危險。所以，他才會不時遭遇到好些根本就不應該出現的麻煩和困擾。

在這無奈何的情況下，我還有什麼好說？又能向誰說些什麼呢？在四顧無援，望蒼天而悠悠的處境中，只好懷着無限惋惜的心情，眼巴巴的看着他坐失良機。這幾年來，我在玄奘寺，已深深體會到人與人之間相處、共事，如果雙方觀念差距太大，做事又不顧原則和重心，的確是一件非常不幸而極端痛苦的事！

由於一拖再拖，承建人極不高興，再加上另外一件事情，也使得他不願作這件工程，於是就此不了了之。每念及此，不但深感惋惜，倘若以後同張、葛二位居士乃至那位承包商王先生見了面，我究竟說什麼好呢？又怎麼對得起他們呢？對於趙老這一大願——擴建玄奘寺，我們沒有滿他老人家的願，感愧奚如！

## 九五、籌建倉持紀念館的波折

前面已說過，擴建玄奘寺第一期工程中包括了興建倉持紀念館，這是一件具有歷史意義的事情，關於這樁事，我們已談了兩、三年，卻始終未把它建成，茲將其中原委縷述如下：

過去爲了這座紀念館，東京的僑僧濤度法師暨張曼濤居士費了很多的力。日本高橋梵仙博士爲了促成這件功德，曾耑誠來過玄奘寺兩次，三學院他們的信徒代表也到了玄奘寺好幾趟。我們玄奘寺過去爲了此事煞費周章，可是幾年來，我們用種種的方法相催，仍是渺無訊息。

一般人對這樁事是不會明白的，首先我要向大家作一說明：「玄奘寺爲何要代日本人籌建一座紀念館？耑爲紀念他們的人，豈不是不倫不類嗎？」解答這個問題必須要從民國四十四年冬初，玄奘大師靈骨迎歸國土的時候說起。

前面已詳細敍述過了這件事。發現玄奘大師靈骨的高森隆介先生，於民國四十四年秋逝世後，原來日本玄奘大師靈骨奉安塔院設於琦玉縣三學院內，該院住持倉持秀峯法師，出力很大。他秉承高森氏遺志，不受共黨威脅利誘，正氣凛然，曾奉派爲日本佛教會恭送玄奘大師靈骨歸國代表團團長，冒險率團護送大師靈骨抵臺，這種爲正法而不辱使命的精神和大行，博得舉世的欽佩和喝采，這是他一生中最光輝燦爛的一頁。

他於民國六十年圓寂時，特咐囑其門人：「命終荼毘（火葬）後，將我的骨灰送一份到臺灣日月潭玄奘寺請求保存。」旨意在永恒追隨大師、侍奉大師。六十一年春，其皈依弟子高橋梵仙博士，捧奉其先師靈骨來玄奘寺，請求本寺惠予方便，准予留存。

本寺鑒於倉持秀峯法師與發現靈骨主持人高森隆介先生住世時與玄奘大師靈骨得

以歸國的那段殊勝因緣，爲聊報高貴友誼，對於此一請求，當然表示歡迎。惟玄奘寺之玄奘殿，乃總統　蔣公爲崇敬民族先哲，特命於日月潭修建塔寺專爲供奉奘公大師靈骨，無異是國家代表性的佛教道場，而且　總統經常涖寺瞻禮，備極關注。再者，玄奘寺僅一孤殿，實無適當處所予以安置，倘將其靈骨與大師靈骨共同供於一處，不但有失國家及佛教的尊嚴和體面，而且有負　總統特命建寺之德意，既悖情理，且褻瀆之甚！是故必須周詳考慮。復次，倉持秀峯法師，亦爲知名高僧，今於常寂光中，倘有所知，當亦極爲不安也。

本寺住持道安法師，基於上述各項因素，當時曾與高橋博士達成協議，由他們琦玉縣三學院籌款，於玄奘寺玄奘殿鄰近處增建一紀念館，並命名爲倉持紀念館。高橋博士是張曼濤居士京都大東大學多年同事，也是由他陪同首途來寺的，那次協商，由於張居士的出力，功德圓滿。

這個由日本佛教徒出資來玄奘寺建興紀念館的消息，不脛而走，遐邇咸知。惟高橋氏歸國後，海天阻隔，未竟事功，我方旅日代表清度法師年事已高，又與琦玉縣迢迢相隔，呼應不靈。時光荏苒，行將兩年，本寺雖曾將建築計畫等資料寄交三學院參考，並一再相催，而該院亦曾派信徒代表來山，但每次來日月潭，形同觀光朝禮，別無誠意；嗣後又託張曼濤居士於日本京都就近力予交涉，該三學院則近乎敷衍，並無任何誠意與行動表現。

前面說過，本寺興建僧寮之工程，常住曾擬一併建此倉持紀念館，由於多年來，一拖再拖，以此因緣，本寺曾向他們提出具體答覆的限期，並請匯款前來，仍沒有下文。

六十三年秋，道老爲日華佛教關係促進委員會報聘訪日時，曼濤居士曾偕同親至琦玉縣三學院窺其究竟。覽物之情，備興「何昔日之芳草兮！今直爲此蕭艾也，豈其他故兮？莫好修之害也！」既然該院實情如此，故本寺以後不再寄予任何希望，亦不復提及此事矣！

所以，倉持秀峯法師的骨灰，幾經商議，只好騰出丈室的木櫃，設立臨時牌位，把它安置於斯處。香煙寥落，乃意中事。

## 九六、道老的火爆脾氣

現在回過頭來，談談道老的一些往事。道老童貞入道，秉性寬厚，虛懷若谷，說得上是一位有德賦與其容貌的老好人，也是一位心直口快，心坎裏不納任何東西的直心人，具有祖師們棒喝予奪，痛快灑脫的家風，也有老參和子的火爆脾氣。

記得有一次我對他說：「前天我見到了某居士，他說要跟您出家。」不說還好，一說他那湖南人的火辣脾氣，一烘就冒了出來。瞪大眼盯着我，吼了一聲，說：「嘿！這個東西，他才不能出家。一張嘴也同我一個樣子，不能說的，他都要說。倘我收了他，我道安也會讓他趕跑的，我才不收他呢！」說過以後，他哈哈大笑的又說：「你看心直口快的人，眞是要不得！」一面說，一面走到他那把大黃色沙發邊，坐下來，又高高興興的同我說：「某某眞要發大心，放得下出家，倒是很不錯的。如果他來了，落過髮之後，將來要他去玄奘寺辦念佛堂，領衆薰修；另到玄奘寺佛學院兼課，他過去在臺大教過幾年書，學以致用，倒也很好，他什麼時候來？」

又一次劉國香居士帶了他的老長官某將軍到松山寺拜訪道老，某將軍抗戰期中當過集團軍中將兵團司令，是一位國學、佛學根柢都很深厚的儒將。當年也是一位智勇雙全，馳騁中原，叱咤風雲，使敵人膽喪的常勝將軍。

同道老談佛學，正進入高潮時，因某將軍亦信佛，尤對禪宗有興趣，涉諸公案疑難時，詰詢中措詞不免略爲坦直，道老驀地將右手食指指住他的鼻尖，訓了他一頓。辭出後，某將軍笑笑的說：「道老眞有當頭棒喝的家風。」初與他相遇的人，眞是很難捉摸的。像這些是他偉大的地方，但亦是他最薄弱的一面。

在這個時代潮流裏，慈悲過了度，容易帶來「慈悲生禍害，方便出下流」的惡性循環。他這一生，因此而受到傷害的地方，也是數說不盡的。

道老於禪宗有心得，於唯識也有研究，從他的言行及文章裏卽可略見風光。他是一位少年就已成名的沙彌，二十四歲就當他自已小廟裏的住持。不過，像過去大陸上說的是小廟，但經常也有一、兩百個出家住眾。筆者曾親聞於道老：當他出家時，他們小廟裏的道風很盛，有修有證的行者很多，歷來他們寺裏頭肉身就有十多二十尊，因爲太多了，也從來沒有裝過金、掛過漆，一列一列和原缸置諸空曠處，頑皮的牧童有時不小心，把坐缸給打壞了，可是窮年累月，並未因爲風雨霜雪的侵蝕而毀損，眞是名副其實的金剛不壞身。

## 九七、光輝燦爛的一頁

道老出家初期，持過一個時期的密咒，頗靈驗，觀輒顯現。據說：他們小廟側有一個池塘，是全村老百姓養魚的魚池，有一年端陽節的上午，聚眾捕魚過節，道老的體型是一個小個子，那時年紀又輕，捕魚人見他站在岸上看他們抓魚，訕笑說：「小和尚！聽說你們和尚多麼了不起，今天你如果能使我們打不到魚回去過節，我才眞佩服你啊！」

話說完，道老隨卽席地跏趺而作觀。頃刻，只見池塘水面現出一道虹形的白光，緣網裏而外，與魚網共進退，每次被網到的魚蝦，中途都循着這道白光逃竄無遺，使得他們整整一個上午沒抓到一條魚，捕魚人不得不心服口服，空手而歸。

道老在那段期間，過着「苦行僧」的生活，以松葉、松子、山芋、野菜等果腹，道老曾說：「最好吃而又營養的是松子，最難下嚥的莫過於松葉，辛、辣、苦、澀全有，只要好奇嘗試過的人，就知道確實很難吃，最多只能吃一兩口，就無法再嚥下喉去了。但是只要你每天照吃不停，而能支持到半個月的時間，便有奇蹟出現，你再去吃它，便會覺得甘甜可口，再沒有什麼難嚥的感覺了。」

道老他又當過膾炙人口的「禪林寶訓筆說」的作者清代智祥禪師道場的住持，這位禪師也是一尊肉身不壞的菩薩，也沒有裝金上漆，就從坐缸裏請出來，供到龕子裏，已逾數百年了。其最不可思議的是，每隔十年，要爲他的肉身，理一次鬚髮和修一次指甲。道老任內，作過一次這樣的法會，他自己爲肉身菩薩理過一次鬚髮，修過一次指甲，眞是不可以常理推測、以科學去印證！

道老受聘爲桂省佛教分會理事長，早年得志，時年未及三十。曩昔，曾與故立法院院長張道藩及梁漱溟等聞人雅士十餘人，以文會友，頗爲相契。筆者曾珍藏一封道老當年的親筆未投遞的信，上面還提到他們好幾位的大名，並附有寫給他們的絕、律詩數首。年前道老圓寂，臺中縣豐原鎭社口慈光寺附近的國中老師簡碧蓮賢者（道老的徒孫），每言及道老，頗爲惻怛，故以此持贈，略慰傷感。

道老於民國三十四年曾應炎公之邀，受聘爲南嶽祝聖寺住持時，仍極年輕。以他的秉賦和根機，不宜於問事，可是這些年來，始終沒有一個地方，讓他能好好靜下來，在修證上下一番工夫，實在太可惜了！

## 九八、慈悲喜捨難量

道老有點汐止慈航菩薩的精神，氣量大、捨心重、慈悲心也大。曾聽松山寺恒一法師說：「道老過去在南嶽，乃至在香港，亦復如是。有好些個騙子來找他，雖然事先已有人告訴了他，他卻仍然傾囊相助。」這一點，說來容易，但作起來可就難了！

趙老也是如此，從前李志高先生曾告訴過我：「老太爺有時替人家寫字，或親友們餽送的一些相當珍貴的東西和食品，老太爺都是右手進，左手出，隨卽施捨了，自己卻克己得很。」

前幾年鄭介民上將的太太住院，我與陳寶華、傅余昌蘭二位居士一同去臺大醫院看她。談及炎公的慈悲喜捨四無量心，鄭夫人也是非常崇敬他老的，頓時悲從心至，嚎啕大哭起來。俗語說：「人死了要葬在活人的心裏，才偉大。」如今炎公與道老就是德光終古，澤極無窮的典範大德。

道老圓寂時，留下的債務千萬之鉅，說實話，多半是被三四個人騙掉的，僅少部分用在佛教事業上。例如曾請蔡海峯居士石勒聖教序、蔣氏慈孝錄、蔣金紫園廟碑、王太夫人百歲誕辰紀念文、王太夫人傳、王太夫人墓誌銘等十餘種，以及觀音、八百羅漢像等好多種佛菩薩、尊者像、碑帖等，耗資數十萬元之鉅，這都是他自己拿出來的錢，其他用在玄奘寺的也不少。這些事黃秘書太清楚了。除此以外，以「我是道老最忠實、最親信」自居而在後面就有特別提到的某某居士，可能暗中也搞走道老不少的錢。據說道老生前的日記中，曾特別提到過這件事。

復次，他用在佛教公益、慈善事業上的錢也不在少數；然而用在他自己身上的，我確實曉得，不但沒有，而且連平日收的一些供養金，也全都貼進去了。有時窮得連寄信的郵票都沒有，這些事也有一些二眾（在家、出家）弟子知道。過去我在玄奘寺後半期，每月都寄郵票（限時信、國際快遞、航空郵票。道老一向不用平信郵票及明信片。）一千五百元至二千元給他（從日月潭買好寄去）。過去他在松山寺，凡是有關玄奘寺的事情，請客及招待的費用，我所知道，也都經我手，由玄奘寺常住付帳。不過，他的錢，用了就算了，過去每次爲玄奘寺支付的，不論多少，他從不開口要玄奘寺歸墊。

## 九九、道老積勞成疾

道老的病，沒有得到應有的保養和及時的治療。事實上，根本忙得也沒有時間，以致躭誤了。固然，世緣已盡，法爾如是，但是因緣卽條件，卽是說：「緣是由一些因素聚合而促成的。」如果道老不這麼忙，身邊又能有一個眞心實意的傭人好好照顧他的生活起居（初來都是循規蹈矩，很發心，照顧老和尙，沒有話說。可是時日一久，就變了質，走了樣，見利忘義，什麼都來了。）過去監院靈根法師爲了這，也不知憂慮了好多。其中只有那位浙江定海人阿有，他對道老實實在在值得懷念。另一位湖北人老郭，只不過武俠小說看多了，脾氣大一點，但他對道老，卻是百分之百的忠心耿耿，拚命他也幹。另有劉文彬居士（道老圓寂後，崇敬備致，仍掛道老名出家）後來要是不換人，由他們三人或一位一逕照顧，那就不會走得這麼快了。當然，其中的因素，也很複雜，我聽木柵韓瑛居士說：「我們佛教裏面出了名的老和尙很不好當，我看我們師父——道老，有過之而無不及。」

他那天在高雄岡山戒壇傳戒後坐飛機回來，不但沒好好休息，而且還晝以繼夜不停的與信徒周旋，深夜又要趕稿子。戒壇正受那幾晝夜就已够累的了，回寺又連日不能得到應有的休息，七十多的人，本來就有高血壓的毛病，像這樣子怎能不病倒呢？何況病期中又連續出現一些欲益反損的錯誤照顧和鎭日疲勞轟炸穿梭式的探病、按摩。而是在這種情況之下與世長辭的，好不令人惋惜和無限的哀思！

## 一〇〇、傷心事　知多少

當道老的病情發出紅色警號時，那天我和張曼濤居士陪同香港夢生法師去中西開放醫院看他的時候，見到他已僵直平躺在病床上，四肢除手指外，其他部位似乎都已失去反應的功能，頭部也不能轉動自如了，只賸下眼睛臉上還略有表情。見到的人，無不悲愴惻怛，簌簌淚下。

首先夢生法師上前握住他的右手，侍候他的韓凱居士，趨近他耳邊說：「香港的夢生法師來看老法師。」道老那時的神智仍是非常清醒，他們已多年不見，想轉頭過來看他，但已力不從心，只能將眼略略轉過來望着夢生法師微笑了好一陣子（那時道老的臉上，只能現出一些笑意）。夢生法師告訴道老，他來臺北已好多天了，並安慰他要好好靜養，多念佛號，道老仍以淺笑答謝。

接着張曼濤居士上前向道老報告，爲他主編的七十大壽（他是生日前幾天得病的）中外學者祝嘏紀念論文集——祝壽特刊的出版及發行情形，暨曼濤爲他在論文集中作「序」的大概內容，當時由於聞悉此等愜意的事情，心感怡悅，也還能顯現出心悅的神態，並以手指的動作示慰。

最後我走向前去，韓凱居士告訴他說：「花蓮的光中法師來看老法師。」驀然聽到我去了，想立即轉目相顧，可是頭、眼只能稍稍轉動一點，瞬間悲從中來，熱淚泉湧，臉頰上浮泛起難以名狀而極爲突出的神色。當然，他的病已面臨危急時刻，在這份萬縷情愫盡在無言傾訴的傷感中流露，頃刻間我亦領略到道老如今腦海裏有如滾滾遼河，心湖中像滔滔江淮在奔放、在呼喚，道老確已眞知我心耶！爲了不忍惹起他更多的傷心事，我示意曼濤告退。

歸途中，夢生法師在車子上與張居士異口同聲地說：「剛才看到道老對你那種感人的極致，他對你眞正沒話說了！」接着夢生法師又說：「等道老病好一點，我要特別提醒他……。」當時我對他們兩位亦備極慨然的說：「古代的忠臣義士，是後人叫出來的。時至今日，夫復何言！而今而後，無能爲矣！」

## 一〇一、人事上的滄桑

羅什才華龍樹悲的道老，其恢宏的氣魄，廓然的襟懷和磅礴的思想；尤其「大庇天下寒士盡歡顏」的宏廣心願，令人無限敬佩！他當初決心去玄奘寺的時候，的確就已發下了大心，其終極目的是光大佛教，發揚玄奘大師的精神，培育僧青年。

遠在梨山醞釀籌建佛教叢林的後期，卽我們決定去玄奘寺前不久，道老亦曾對我說：「那時就有二十個以上的大專學生要跟他出家；另二三位，終身不娶，畢生奉獻佛教。」以後又說：「我們以後可能沒法分身再去梨山了，等他們出了家，讓他們都住到玄奘寺，致力研習教理，如法修學。」

又有一次，當他奉使報聘日本的前夕，在松山寺的丈室，我們共商玄奘寺的寺務時，他說：「不管我終日忙些什麼，但我不會忘失了中心目標。也就是一切都是爲玄奘寺而辛勞，爲作育僧青年在鋪路。」

他在那幾年的大前半段期間，兼職太多，又緩急倒置，末期又拿不定主意，如是掌舵不穩，全由人擺佈——遮難——全躭誤了。這一點我和道老的看法與作法有好些出入，爲了此事我曾經苦勸過他，因爲玄奘寺的這盤棋，我看得很準，也看得很遠；道老曾經也想用種種方法來說服我，但我爲佛教、爲奘公大師的道場以及所有期望我們的人，寧爲玉碎，不爲瓦全，堅持原則，歉難雷同。

## 一〇二、憂心悄悄　慍于羣小

我也曾以文天祥、伍員、屈原、鄒陽、箕子、比干，乃至司馬遷身受腐刑的史實事例相詰責，而且在松山寺丈室最後一次見面時，我曾詰詢：「某某居士去玄奘寺還不到一個月竟串通、策動工友等，先竊取一部分帳簿單據，內應外合，玩弄喧賓奪主的悖逆、顚覆伎倆，你卻充耳不聞，始終按兵不動，某某居士算是玄奘寺的罪人，還是你的功臣呢？」（略去兩萬六千言）道老卻一聲不響，無以爲對。最遺憾的，莫過於這事件所帶來的後遺症，一逕困擾玄奘寺常住已逾十年！炎公和道老，倘於蓮邦有知，未悉作何感想？將如何善其後？

剛才已說，道老病危的時候，我去探視，驀然相見，默默無言，惟有熱淚兩行，我瞭解他當時內心的痛楚；用人如對奕，一子之差，全盤敗北；「待從頭收拾舊山河，空悲切！」之嘆，惜乎！爲時晚矣！

有極少數居士，當初原是好心接近佛教，也曉得奉獻心力，服務三寶；但時日一久，劣根性發迹，把社會上爭名奪利的壞習氣引進佛門，如是自然而然的蛻變爲寺院中的特權階級者——霸主。照理上說清淨莊嚴的道場裏面出現這種人實爲憾矣！侵損常住，批評、管理起出家人來了。這就是民間所說的「近廟欺神」，雖是善因，卻成惡果，欲昇反墜，實在值得居士們警惕！

道老他是一位才子思想型態、多采多姿的法將，普通文章那是不用說，記得民國四十八、九年我們都在松山寺的時候，有一天劉王爺（宣統皇帝的令阮），留學德、法兩國，克紹儒宗，學貫中西；拜讀道老的《一力室文集》上一篇「人心惟危，道心惟微」的宏文後，耑誠上山，得識荆州以爲榮。道老的詞比詩好，凡是跟他學過塡詞，或看過他作品的人便會知道。

但很可惜，他因少數人而受了不少苦楚和拖累，進取乏力，是故近年來，他總停滯於半明半暗的光度中顯現着，因此便有人批評：「道安法師是一個最糊塗的人。」其實，他對居心叵測的人，確實瞭如指掌，有時同我談得高興的時候，以極爲氣憤的口吻厲聲說：「他說我道安是傻瓜，我才不傻哩！那個傢伙，他有幾根汗毛，我都看得清清楚楚，你看他燒成那麼樣子了的恐怖相（現報）就知道他是一個殺人不見血的東西！忘恩負義，恩將仇報，天理昭彰，看他橫行到幾時！」

道老他平常情願背很多黑鍋而不說。佛住世時，對那些貪婪無厭的卑劣慢人，名之爲「可憐愍者」。道老便以此而赦免、慈悲了他。可是他卻沾沾自喜，那裏會去想因果？還以爲自己的手法高明哩！不過，道老也確實有些地方，很容易使旁人發生誤會，因此，他就在利慾與功利旁邊，在法典和奢侈之間，把「師父」當作他孕育名利的溫床，使得道老的一切理想、計畫、抱負乃至事業，全都付之東流，到頭來，只留下無盡的惆悵和無限的哀思！

又復次，道老追思會上，我輓聯的下聯是：「慈航懷普渡，回溯因緣千萬種，奈煙霾霧蔽，遂令看諸陣陣，總是遭逢不偶，西歸何忍遽匆匆。」炎公啊！道安法師他過去處在這樣子的因緣際遇之中，而又漫不經心，以至形成蔓難圖矣的情況下，如何能施展他的抱負與鴻圖呢？尤其像他這一些人事滄桑，眞是斷送了他自己，也苦煞了別人。未酬的壯志——擴建玄奘寺——而今而後，日月潭玄奘寺將不知何人、何時繼承他的遺志，酬償他的夙願？尤其在以他爲庇護而坐大的特殊勢力的障難中，始終沒法肩負玄奘寺的輔建重任；更未能達成你老對本寺的殷切咐囑和深厚的期望。撫今思昔，惟有無語問蒼天了！

## 一〇三、懷炎公寄望道場振興

自從炎公西歸後，李子寬老居士數月後亦不幸與世長辭，道老乃推薦前臺北市市長黃啟瑞居士繼任玄奘寺董事長。黃氏氣質不凡，秉賦甚厚，能力卓越，德學兼優，行政經驗尤爲豐富，絕不是那些不學無術，枵腹肚窮、粗獷不堪的暴發戶，唐突、低能、貢高、專橫、庸俗之輩所能望其項背的。

有一次，我同他談有關玄奘寺董事會的事情，他曾欣然而鄭重的說：「這次承蒙道安老法師的擡舉，我要好好爲玄奘寺作一點事情。」

他在臺北市市長任內，宏圖大展，建設殊多。樹立良好的市政制度，規劃大臺北市暨幅度交流量的交通網，及現代化的交通設備，釐訂大臺北市宏遠的諸般計畫。溯自任期屆滿退休後，曾任八個公司的董事長，對玄奘寺確實極有抱負、有理想，惟道老太忙而又空過了，最可嘆！不幸黃氏於前年往生。時一過往，不可攀援，如今他們四位均已西歸，撫今思昔，不勝愴然！

道老圓寂後不久，我以玄奘寺董事會的董事身分，曾出席過該董事會召開的董事會議，旨在產生第四居住持人選。過去我在玄奘寺忝任監院，將近五年，實際情形我當然清楚。玄奘寺雖然格局不算大，但其背景及所負使命，卻是非常殊勝深遠。同時爲了國家、佛教的尊嚴和榮譽，決不可草率決定，因此準備了一份建議書，促請各董監事爲不負先　總統暨炎公昔日爭取大師靈骨回國，擇地建塔寺供奉之苦心和期望，務須特別愼重遴選，絕不可遽然決定。

在會議席上，我以警策的口吻發言：「我們玄奘寺，具有迥異的殊勝背景，大師的德學精神、名氣、功勳，不是任何道場，乃至任何宗教可與媲美的，並且是作佛教文化事業最理想的地點，絕不可與一般性的寺院等視。誠然，這麼一個譽滿寰宇的奘公道場，如今我們要想如何把他充實起來，的確是一個值得仔細考慮的問題。

總統　蔣公每次去日月潭的時候，必定會蒞臨瞻禮大師靈骨，垂詢住眾生活狀況甚詳。記得六十二年，一年內就五度蒞臨日月潭；並曾手諭開闢環湖公路，增建玄奘寺牌樓、圍牆、庭院暨慈恩塔院，耗資兩千萬元。日月潭地理環境特殊，那條公路如不是奉元首諭，誰能辦得到呢？他老人家爲崇敬玄奘大師並親題「國之瓌寶」讚之。試想　總統關心玄奘寺，眞可說無微不至！所以，玄奘寺是一個國家性的寺院，也無異是我們佛教一個代表性的道場。中外的高僧大德、名流學者及政府各級首長也會時常登山瞻禮。同時，後山慈恩塔，正庭供有王太夫人的遺像和蓮位。基於以上所說，對玄奘寺的每一位住眾的修持、德學乃至其氣質和儀表等，都必須兼顧。住持人選當然更要愼重，否則未來玄奘寺的冬眠永無盡期。

玄奘寺的前三任住持——太倉老和尚、演培法師、道安法師都是國際知名的高僧；尤其是演培法師和道安法師這兩位住持，在國際佛教文壇上佔有極重要地位，諸位董監事都是德高望重、學養深湛的大德長者，光中今天忝陪末座，極感榮幸！我想諸位內心也都非常明白，人事也者，務須先人，而後有其事。是故我們玄奘寺下屆住持人選，必須要確實顧慮到他本身的德學、修持，乃至專任和年齡等問題。因爲玄奘寺未來的住持，直接可以影響到整個佛教的榮譽，也與國家的榮辱攸關。本寺住持的使命和重要性既然如此之大，因此，我認爲在座的諸位，應以佛教暨大師道場興隆爲前提，對下屆住持人選，必須「特別愼重」。如果我們倉促決定下來，一定會遭致不良的後果，我建議諸位董監事，我們要給予董事會充分的時間來考慮，物色人選，然後再作決定，方爲理想。」惜乎！由於其他的人爲障難，言之諄諄，聽者藐藐，夫復何言！

昔日炎公因係玄奘寺的創建人，暨首任董事長，並且蟬聯十有餘年，由於盛德所感，眾望所歸，不啻老家長，故歷年來，董事會一片祥和，他老從不輕率、專橫，但也不顢頇，情理均衡，而以會議決定爲決定，以大眾意見爲意見。惟無常迅速，炎公生西，令人深寄懷念！

不過，現在董事會尚有數位出家眾爲董事。另唐縱、董正之、吳延環、劉闊才、王永濤、王民寧、居伯均、趙佛重等諸位大德長者爲董、監事。玄奘寺在過去二十多年的經營中，已具有若干基礎；今後玄奘寺的一切，自有理由殷望後賢、來者去發揚和光大了。民國六十六年草擬，民國六十八年定稿。

# 附錄一

# 日月潭・玄奘寺建設構想

## 前言

佛教發祥於印度，光大於華夏，溯自聖教東漸，迄今已逾兩千載。由於教義圓融，淨明無礙，其對我國文化之影響，無論於倫理、道德、文學、聲韻、音樂、繪畫、雕刻、建築、醫藥、天文，乃至民情風俗、因果哲理，根深柢固，浸漬人心，為時邈矣！曩昔宋、明理學，雖廓然大備，自成一家，實脫胎於佛教之禪宗，出自於法海。質言之，儘以儒家學說闡述佛法精義而已。是故佛教與中國固有文化關係之重大，淵源之深邃，不言而喻。

惜乎！天地野黷，妖氛布濩，紅禍氾濫，金甌淪胥；不但我五千年固有文化，慘遭共黨徹底摧毀殆盡，今日大陸僧尼均被迫返俗，全國五十萬寺宇，亦蕩然無存，神州浩劫莫此為甚！幸賴我英明總統　蔣公，洞悉復興中華固有文化，乃完成反攻復國大業當務之急。然復興中國固有文化，則中興佛教尤爲重要之一環，並深念玄奘大師，爲法忘軀，履險犯難之精神，堪爲今日朝野，反攻復國之楷模，其畢生學術貢獻，猗歟盛哉！故其頂骨於四十四年臘月由日本奉迎歸國，我元首特指定日月潭・青龍山爲興建塔寺紀念之地，並躬親視察，頻頒昭示，眷顧之殷，可謂至矣！

玄奘大師不僅爲佛教一宗之祖師，實亦世界性之偉人，其一生對佛教、對學術、對中國，乃至世界歷史文化之貢獻，不僅深受中國人之仰戴，亦爲全世界各國學者名流所推崇、欽挹。故玄奘寺之建設構想與規模，亦應顧及宗教、學術、文化、教育、觀光，乃至中華文化復興運動等多種意義，以代表國家的規模，來表達元首以及全民對先賢和對世界性偉人之崇敬，以此宏廓觀念來建設玄奘寺，方爲正確的構想。

方今泰西各國，佛教日益普遍，東南亞佛教各國人士，每至一地，輒先參觀佛寺。中國爲大乘佛教第二祖國，乃舉世咸知之事，理宜有代表性的梵刹，以供外人瞻仰。玄奘大師具世界性之德望，以玄奘寺作爲代表性之梵刹，最爲理想。（頃據日本歸客談稱：過去日本萬國博覽會中之中國館，初無佛教文物，因見日本館文化部分，幾乎盡是佛教文物，相形之下，殊爲尷尬。蓋中國爲日本佛教之母國，日本佛教乃由中國傳去者，日本以佛教文化爲榮，中國館似尚不知佛教爲傳統文化者，莫此爲憾矣！）

年來我國佛教人士不斷提醒國人，於發揚優良文化聲中，愼勿忘懷佛教文化，惜乎籌備中國館之諸公，竟未考慮及此，必待別人重視而後始予重視，乃於中國館內增列部分敦煌資料。環顧此次萬博會有兩大主題：一爲傳統與文化；一爲進步與融洽。敦煌文物可說是中國傳統與文化之首席代表，光輝璀璨，爲舉世所矚目，各國高級學府研究之發揚之，成爲一專門性之敦煌學，實爲中國文化永恒的無上光榮！以之參加以傳統與文化爲主題之萬博會，乃順理成章之事。際此高唱復興中華文化，以「傳統與文化」爲主題的萬博會中，竟然出現這種疏失，寧不令人浩嘆！萬博會有時間性，偶一疏失，影響尚屬有限；玄奘寺則爲永久性質，不可不預早謀之。

一個具有代表性之梵刹，應爲純男眾道場，住眾應以知識比丘爲主。日常生活，除早、晚禪誦薰修外，應兼做佛教學術文化工作。然玄奘寺溯始迄今，尚僅一殿一塔以及寮房數間；用地亦僅六百坪，且係租賃。租地建寺，古今中外所未聞也！目前唯一大事，乃急須將玄光寺至塔地附近之全部用地，皆應劃歸玄奘寺所有，必如此，始可以完整之計畫，作通盤之設計與建設。爰就文化、環境、經濟、規約四點建設分述如後：

壹、文化部份，屬另一位撰寫，故略。

貳、寺塔與風景建設

甲：玄奘寺擴建場地之規劃

一、爲恪遵　總統昭示，積極建設玄奘寺道場，務請經濟部、林務局卽撥該寺所需土地，其所撥之土地及地上物，應全部歸玄奘寺使用，以便釐訂通盤建設計畫，俾早竟事功。

乙：馬路、碼頭、休息室等之命名

一、自日月潭湖岸原有至魚池鎭之公路分叉處起，經新開闢至玄奘寺前面廣場之一段公路，擬請命名爲「玄奘大道」。另從廣場內向後延伸之支線，命名爲「窺基路」或「圓測路」，以發人緬懷玄奘大師兩大弟子崇敬之思。

二、碼頭：現有玄光寺前面碼頭，宜命名爲「玄奘寺渡船碼頭」，以正名稱，而利管理。

三、該碼頭附近另須興建候船室、涼亭。露天及大樹下，並星佈桌椅，以供遊人小憩。

四、山門牌坊方面：於玄奘大道起點（卽原有湖岸自日月潭至魚池的公路分叉處）及渡船碼頭，各建宮殿式大牌坊一座，其分叉路口之牌坊上，請趙炎公橫書「玄奘寺第一山門」，玄光寺渡船碼頭之牌樓爲「玄奘寺第二山門」。再於玄奘大道靠玄奘寺鄰近處，選擇適當地點，另建一同樣形式牌坊，上書「玄奘寺」三個大字，矗立各處，以壯觀瞻。

五、爾後玄奘寺住衆與遊客日增，宜自備車船，以濟需用。

六、現有之玄光寺應予收歸玄奘寺常住所有，俾將來改建爲「天王殿」。內正中供一丈六尺彌勒菩薩（布袋和尚）坐像，兩側塑四天王及二十四位諸天，正中背面塑一丈之護法韋陀菩薩像一尊。

七、天王殿後面再建圓通殿，殿內塑四面千眼千手觀世音菩薩像，殿內邊塑十八羅漢拱衛，俾供信衆遊人敬香瞻禮。

八、天王殿至玄奘寺之途中，添建「元首亭」、「章嘉亭」、「炎午亭」各一間。小徑兩旁，並敷設水泥製宮燈，外表噴成古銅色，排列成行，以示莊嚴。小徑石基路別開生面，擬予保留，惟路面尙須加強。

九、玄奘寺前面廣場，應設停車場。場內中央建噴水池，以免單調。

十、玄奘殿兩側，餘地無多，坡度且陡，如謀補救，自應各於斜坡麓，依地形各起建數層大樓若干棟，上與殿基地齊平，以增幅度；其平面樓頂，可另作其他使用。大樓下面每層，可供遊人、香客、夏令營學生、工友等食宿用，並可設辦公室、會議室、佛經流通處、青年文藝寫作間、慈恩月刊社、公共關係室等部門。

十一、於玄奘寺後面高處，加建巍峨雄壯之萬佛殿一座，內供本師釋迦牟尼佛丈六金身及迦葉、阿難二尊者侍像，此外另塑佛像（小型）一萬尊，羅列四周供養。大殿式樣，內觀僅一層，外觀三層宮殿式建築物，以陪襯道場之莊嚴。

十二、萬佛殿後面或兩旁，擇地興建佛學研究部、禪堂、法堂、丈室、念佛堂、祖堂、總統休息室、貴賓室、圖書館、玄奘譯著編撰出版委員會辦事處、學僧宿舍、僧寮等。

十三、爲求蔚成道氣磅礡，暨養成本省徒步朝山敬香之風尚，自天王殿起，至慈恩塔院之小徑，沿途擬建一道宮殿式長廊，途中並綴以若干亭閣陪襯，內兩側並塑五百應眞——羅漢供養像。溯自大陸佛教道場，慘遭紅衛兵徹底摧毀後，此種宏偉建築，不但開本省佛教道場之先河，且爲今日舉世佛教勝地所鮮見（可以南嶽衡山祝聖寺之古本像圖及新近出版之《錦繡中華》畫冊爲藍本。此圖全部，現存藏於臺北市松山寺圖書館）。

十四、另於慈恩塔附近高處，覓地修建巨型蓄水池儲水，以供寺衆之需。

十五、塔院後端空曠地及杉林處，除建碑林外，餘地備作興建夏令營活動中心、關房、蘭若及生產土地等用。

十六、放生池與放生園：日月潭暨玄奘寺道場範圍以內，請政府明令列爲放生池、放生園，嚴禁獵狩、網罟、垂釣、捕捉，以彰　總統愛民及物之仁德；並刻石記事，以流芳澤。

十七、玄奘大道兩旁，爾後裝置古色古香款式之宮燈，俾遊人至此，即興脫俗懷古，意念淨化之感。

十八、玄奘寺道場區域以內之森林，除保持部分原始樹木外，其他一切雜樹、蔓草、腐蝕植物等，悉予清除，以杜蚊蚋之滋生，而悅眼目；然後分區種植松、杉、楓、梅、椰、櫻花林，以及其他風景樹，並敷設花圃數處。另於玄奘大道兩旁，種植行樹（例如松、柏、南洋杉之類），湖濱栽植垂楊及菲律賓紅花柳樹。來日茁壯長大，不但蓊鬱參天，且爲名符其實之佛教叢林。

## 叁、經濟來源方面

一、各縣市分區設立護法組織。
二、善信捐助。
三、開闢農場自製茶、菓、竹筍、蔬菜等以資生產。
四、國外募化。
五、油香收入。

## 肆、清規方面

一、訂定共住規約。
二、各寮規約。
三、萬年簿。
四、大事記要。

以上僅屬概述，俟請工程師作周詳勘察、測量後，根據實際地形及需要，用比例尺，製作建設玄奘寺道場計畫模型圖。（原載民國五十九年十月《獅子吼月刊》）

日月潭玄奘寺萬佛寶殿正面圖

## 附錄二

# 海天佛國——玄奘寺

日月潭位於臺灣中部，爲南投縣所轄，將日潭和月潭合而名之，風景名勝爲全省之冠。電力公司利用潭水發電，爲全省工業生命線，今後如依照玄奘寺前任住持道安法師之日月潭玄奘寺擴建構想完成，則日月潭之將來，不但風景秀絕人間，且將成爲舉世矚目之文化城，因佛教叢林、佛教（慈恩）大學、世界佛教活動中心，均集於此。

玄奘寺始建於民國四十四年冬，因日軍侵華期間（民國三十二年）在南京雨花臺（報恩寺故址）發現之玄奘大師靈骨奉歸國土，總統爲崇敬先哲，光輝佛教，特指定日月潭爲建塔寺安奉之處，躬臨視察，頻頻昭示，並令飭省府興建塔院，開闢玄奘大道，增建山門、院落，費資數千萬元，崇敬之情，可謂至矣！

遊日月潭、玄奘寺，可於臺中市乘車經草屯、魚池二地，至潭岸，車即左轉，此處建有宮殿式大牌樓，橫額爲「玄奘寺第一山門」，進入此門，沿新闢之環湖公路——

玄奘大道，經文武廟、孔雀園、德化社等鱗次而過，逕抵寺前廣場。寺前山門矗立，備極莊嚴，門聯爲：「聽靜夜鐘聲，喚醒夢中夢；觀澄潭月影，窺見身外身」，乃時年九十有三之趙恒惕長者墨寶，吟詠之餘，頓生心空色相之感。圍牆亦爲宮殿式，丹墀、院落別緻。殿宇建築爲大唐款式，其深廣寬厚，勻和莊重，充分象徵東方文化之深邃、優美，及民族寬豁大度、渾厚純樸、沉潛進取之特性。玄奘殿供觀音暨大師立像圖，頂端橫匾「國之瓌寶」，爲總統　蔣公所親題，香煙繚繞，氣氛肅穆。登殿後沿梯而上，二樓兩側珍藏經典，木檯正中央上首觀音殿供奉觀世音菩薩立像（後山之圓通殿未啟建前，大士像暫供奉於此）。其平檯平日並作講經之用，再上三樓，即玄奘大師靈骨奉安處，大師頂骨舍利藏於高五尺許之檀木塔中之銀質塔內，隔鏡可覩。另供奉日人供養之檀香木塑大師取經像，神采奕奕，栩栩如生，無言說法，普利羣生。傍置西域取經路線圖，千秋迢迢，供人神馳。

復次，三樓原來木質黃塔附近地面之三箱石刻王羲之字體〈聖教序〉全文，是爲道安老法師自購于臺北坊家以作玄奘寺鎮山之寶。

凭三樓廊欄遠眺，潭景全收眼底。謹錄住持道公（道安）上人絕句云：

澄潭涵碧水，梵寺綴青山；樹古蟾聲雅，雲高月自閑。

蘭舫浮埜鴨，游旅同鷗鷺；夜宿湖邊樓，日奔天涯路。一潭澄水明如鏡，暮靄鵝，黃昏月，眉半彎；坐久渾忘涼夜永，鐘聲夜喚到人間。

殿後左端爲僧寮，四間一廳，壁上中堂，文曰：「誰將一面鏡，投向萬山堆，雲影天光合，紅霞埜霧開，朝陽送月落，秋水載僧來；古寺鐘初動，驪歌幾度催」，住持道安老法師聯云：「任世變修吾道，將心來與汝安」。該聯亦趙老（恒惕）親筆隸書，蒼勁雄拔，古今希有。

寺之後山高處所建慈恩塔，美輪美奐，巍峨大觀，塔頂洪鐘，爲涵碧樓供養。入內沿旋梯而登塔頂，倚窗遠眺，氣象萬千，道公上人昔遊慈恩塔亦有詩云：

一塔凌霄壤，羣山皆拱拜；烟雲襯彩虹，潭廣容萬派。

塔峙喝風雲，萬壑競流處；千古大唐僧，威名曾鵬翥。

萬山簇擁一塔孤，雲影潭光勝鏡湖；幾度登臨瞻聖迹，「國之瓌寶」仰英模（「國之瓌寶」，乃蔣總統題玄奘紀念匾額）。

吟詠以上神韻妙句，能所雙忘，物我爲一；觀潭光塔影，蘭舫移虹，春霞秋照，萬籟天聲，頓覺朗然清澈，純潔無疵之感。

道老童稱祝髮，時年六十有五，戒臘逾四十五，行持精嚴，四相全無，年近古稀，精神矍鑠，有逾壯年。固爲當今高僧，思想磅礴，襟懷廓然。

玄奘寺叢林，位於日月潭岸青龍山，與隔岸涵碧樓遙相對峙，三面環水，形如巨人一脚伸入水際，全長二公里，瀕水處闢人行道環繞半島，取適當距離，綴以亭閣及路燈，濱湖間植桃、柳、梅，澄潭印月，依稀掩映。前端遊艇碼頭，光華島隔水相對，除擴建外，並另建一座巨型牌樓，上書「玄奘寺第二山門」。登潭而上，至現有之「玄光寺」，將仿明朝款式之宮殿改建爲「天王殿」，建地約二萬平方呎，高四七七呎，內供彌勒菩薩坐像一尊，四天王像及韋馱菩薩法像。

殿後元首亭佔地二八〇呎，園中花灼灼，枝頭鳥嚶嚶，環境幽雅，遊人至此，緬懷國恩與仰戴之心，油然而生。過此，即護法院，佔地四萬平方呎，兩側與天王殿貫以兩層簡易宮殿式寮房，各間之設備齊全，耑供於內典具有著作能力之男衆居士及名流學者居住，俾襄助闡揚宏化之任。另附設頤養院，則供孤苦無依之老年男衆頤養天年。至香客歇宿、印刷所、電化總機室、義診室等亦附設於內。

院之後端低窪處，開鑿放生池，仿杭州西湖，池中修九曲橋一座，貫通兩岸，並設噴泉、蓮花以點破水上寂寞。

大專學院學生夏令營活動中心，設於池之鄰近處，花木扶疏，綠草茵茵，可供千人露營。

對面建碑林，皆刻以名人書畫，但以「蔣氏慈孝錄」爲主題，並附帶陳列名家金石雕刻，供人觀賞。

功德林設於碑林附近，供應香客及遊人素食、冷飲或小甜。

沿此拾級而上，於玄奘寺殿前廣場中央處設噴水池，水面敷設宇宙圖型，並塑露天白衣觀音，手執楊枝、淨瓶，導水自瓶口噴灑，以表「楊枝淨水，徧灑三千，性空八德利人天，滅罪除愆，福壽廣增延」之義。

現有之玄奘殿（寺），爲配合整個之建設，日後將其兩端酌予擴建，僧寮四間亦予拆除，建地改作花圃，美化環境。

殿後山上一百公尺處，興建「法王寶殿」，室內空間都一萬八千平方呎，可容一千二百人禮拜課誦，以北宋宮殿款式建築，高逾九八呎，外觀三層式，內僅一層巍峨雄偉之代表性大殿，除上方供奉高達三九呎之本師釋迦牟尼佛坐像一尊外，殿內四周半樓上，設龕安奉萬佛。殿內外地上暨牆壁俱嵌白綠色大理石，殿頂天花板圖案仿故宮紫禁城之花紋設計。內外牆壁，加塑浮雕，殿內燈光配製，其光度、色彩力求勻和，憑添寧澹肅穆氣氛。此大殿除住眾早晚課誦外，耑供香客遊人瞻禮，預計耗資三千五百萬元。

再向殿後延伸一百公尺，另建有唐代宮殿款式之圓形圓通殿，佔地六千平方呎，內供四面觀音像，殿外棋布適度之觀音竹，以表「紫竹林中觀自在」之義。

殿後距百公尺處，即是丈室、祖堂、貴賓室，亦爲三聯簡易二層宮殿式寮房。方丈駐錫於此，另供歷代祖師及招待海內外嘉賓。

殿後有圖書館及博物館，佔地都一萬六千平方呎，爲三層近代宮殿式建築，三樓爲辦公廳、會議室、覺音廳。二樓爲博物館，樓下爲圖書館，除珍藏各國出版之大藏經佛典外，並廣事徵求，添購世界一般圖書，俾供教內外研讀及遊人閱覽。

自此館兩側至前面玄奘殿側，亦貫以廂房，各長四百公尺，亦屬簡易宮殿式建築，最前端爲鐘鼓樓，其餘樓下爲佛學院、教室、青年文藝寫作間、佛經流通處、慈恩月刊社辦公室、慈恩汽車客運辦公室、郵政代辦所、電化總機室、錄放影室、夏令營宿舍、客寮、會議室、閱覽室、公共關係室、齋堂、儲藏室、庫房、工寮、如意寮、廚房、衛生設備室，樓上爲住眾寮房及客寮。禪堂、念佛堂等部門亦設於樓上，以利清修。

自碼頭迄慈恩塔，貫以宮殿式長廊，途中綴以亭臺供遊人小憩。各處殿宇院落，均以走廊銜接，風雨通行無阻。內面兩壁，浮雕玄奘大師畢生事跡，建此長廊旨在供香客跪拜，俾蔚成朝山進香風氣，促進國民健康。

法王寶殿左側公路下面半島上，闢建關房、蘭若，耑供行者用功辦道，並有法藏編纂委員會、佛學研究部（所）、地藏殿。

現有玄奘寺，僅一殿一塔及寮房四間，寺址僅二萬四千平方呎（六百坪），且屬租賃。租地建廟，古今罕類！玄奘大師爲法忘軀，歷險犯難之精神，堪爲今日朝野反攻復國之楷模，其畢生學術貢獻，尤爲舉世欽仰。是故大師不僅爲佛教一代宗師，實爲世界性之偉人。今後擴建玄奘寺，必應依此宏廓計畫建設，方爲正確構想及對先哲應有的禮遇。

基於此，國史館柳長勛先生深有同感，曾撰文爲東方大學奠基，向海內外大聲疾呼。關於此，道安上人久有夙願——慈恩大學，刻正芻議奔走，並另設計興建一所世界佛教活動中心，俾爲世界佛教宣弘之策源地。

日月潭原以風景取勝，表現自然之美，待玄奘寺及有關佛教文化建設完成後，將來不但吸引國內人士朝山禮拜，增進善根，亦將爲國際人士慕遊之地，其利國利教，當無可限量焉。（原載民國六十九年十二月《天聲》學術季刊創刊號）

# 附錄三　玄奘大師事略

大師爲唐初高僧，俗姓陳，十三歲出家，就能昇座說法使四眾驚服。二十歲受具足戒，已學通三藏，兼及我國百家典籍，全國道俗，莫不欽遲景仰。二十六歲，孤身赴印度求法，遠涉沙漠，攀越雪山，歷盡艱危險阻，不改初志，終於到達印度國境，入五印當時最高學府那爛陀寺，從最負盛名的聖者戒賢論師修學，不數年間，盡得其秘，然後遍參五印尊宿，朝禮各處聖跡，備受朝野欽挹尊重。

大師留印，共計十七年，當時五印十八國國王，無不傾服，皆奉爲國師，聲譽之隆，禮遇之厚，可以想見。唐貞觀十六年十二月，大師意欲啟程返國，五印盟主戒日王，特爲大師舉辦辯論大會，邀約各國義解之徒，集會於曲女城，到會的除十八國國王外，有各國大小乘比丘三千餘人，那爛陀寺學僧千多人，外道僧侶三千多人，王室兵馬百萬，兵艦四萬艘，集於恆河兩岸，眞是盛況空前，這就是佛教史上，有名的曲女城辯論大會，大師被奉爲論主，經十八日，竟無一人敢與大師論難，與會國王學者，莫不欣喜讚頌，歡呼大師爲「大乘天」。

戒日王等，聞大師欲歸國，曾爭相堅留，都爲大師婉謝，臨行之前，戒日王又特邀集十八國王，各傾全國資財，於鉢羅那迦城，設爲期七十五日的無遮（布施）大會，以表爲大師餞行之盛意。大會結束之後，除供養大象、馬匹、金銀外，十八國王復親率文武百官，恭送三十餘里，再遣重臣護送，直達我國邊境，細數古今中外，能在國際上獲得如此殊榮的，祇有大師一人，這實在是我國歷史上的無上光榮。

貞觀十八年回國，太宗聞奏，立刻詔令全國，準備盛大歡迎，以致所經之處，人民夾道，莫不焚香禮拜，爭仰聖容，十九年到達長安，朝中文武百官，恭迎於十里之外，時，太宗在洛陽，隨卽召見於儀鸞殿，傾談之下，自嘆相見恨晚，並先後數次勸師還俗爲相，共主國政，皆婉謝。太宗更欽其德，特詔令成立大規模譯經場，助其譯經，二十年中，計譯出大小乘經論七十五部，一千三百三十五卷，總計一千三百餘萬言，太宗復親爲之作〈聖教序〉。麟德元年二月示寂，高宗聞奏，傷感逾恆，爲之罷朝三日，以表哀悼，頻呼「朕失國寶！」出殯之日，送者百餘萬人，當夜守墓的人，也有三數萬之多，這位一代完人，對中國歷史文化的卓越貢獻，眞可與至聖孔子前後相輝映。

## 附錄四　玄奘寺簡介

本寺大殿共三層，係仿北宋宮殿款式建造，建地一五〇坪，外貌巍峨莊嚴，遠望恍若世外天宮。於民國四十九年（一九六〇）興工，至五十三年始落成，歷時幾達四年之久。其間備經艱辛，因地處高山，交通不便（當時環湖公路尚未修築），全部建材均賴小船載運至山下，然後利用鋼纜拉上山；而籌款之時，正值八七水災之後，募化奇艱，幸承建商人爲一虔誠佛弟子，僅收取工料費，加上章嘉活佛及本寺前董事長趙故資政恆惖長者、李子寬長者、省府委員陳萬先生等之殫精竭力，始見今日宏巍莊嚴之梵殿。

正殿現供奉的脫沙玄奘大師彩色取經聖像，係旅港僑領周天立居士捐獨資供養，名雕塑家基隆陳昭明居士承塑造，高七尺，耗資二十萬元，從殿門外仰瞻，栩栩如生，且富藝術價值，於民國六十二年四月十四日，安位開光，供人瞻禮。

大師像前之圓形玻璃盒中，有釋迦牟尼佛的舍利，紅絨墊上並敷設西藏特產之紅花，凡瞻仰禮拜等，必能消災獲福，吉祥如意。供桌中供奉之坐式純白玉佛，係前泰國僧皇御賜本寺住持道安上人者，彌足珍貴。

殿內陳設之木魚青磬鈴鼓及兩旁懸掛之大型鐘鼓等，皆是住寺淸眾課誦用之法器，外人不得任意敲擊，左右二序擺列之拜墊，一般信眾，皆可用以禮拜，惟置於正中之黃色拜墊，是爲方丈和尙而專設，他人不宜使用，以示尊敬，也是應有的普通禮貌。

二樓現供奉的是觀音菩薩聖像，此像係旅居香港名家精心塑造；依本寺興建計畫，將於山後另建圓通寶殿以安奉，惟因緣未足，尙未興工，乃暫供於此。觀音菩薩與我國特別有緣，信奉者極眾，素有「戶戶觀音」之說，因此流傳於民間的感應故事也特別多。

三樓是玄奘大師靈骨安奉之所，大師的靈骨由日本送回後，原安奉於黃色之水泥塔內，本寺信眾見該塔粗糙不堪，有欠莊嚴，乃於六十年，另造大型銅塔一座，塔內復置三寸高之古銅小塔，大師之頂骨，卽安奉於此小塔內。現存於我國的，僅此一片靈骨了。

大殿正中，有總統　蔣公親書「國之瓌寶」匾額一方，四壁懸有名流政要的題署甚多，極爲莊嚴。玄奘大師爲我中華國魂民族聖哲，對歷史文化貢獻至偉，凡登殿瞻仰者，皆宜緩步低聲，並應頂禮致敬，或鞠躬爲禮，切忌嬉笑喧鬧，或吸煙零食等輕浮行爲，此不但有失對聖哲應有的禮儀，甚且會招至莫大的罪過。（瓌音桂）

附錄五之一

# 趙夷午資政軼事

△先生雖仕宦數十年，惟生活素爲清苦，堪稱澹泊寧靜，其座落北投區中央南路二段五十八巷三十八號寓所，不論外形及內部設備，均極簡陋；同時該處地勢較低，每逢颱風侵襲，經常遭受深水之患，先生不以爲苦，反能甘之如飴，安居弗遷。

△先生之飲食十分簡單，不飲酒、不抽煙，經年茹素，嘗以豆腐青菜佐餐，衣着極爲簡樸，終年一襲粗布長袍。自奉雖儉，而爲人慷慨，部屬袍澤遇有困難，無不竭力救濟，毫無吝色，尤其對有爲青年，時加提拔獎掖。

△先生篤信佛教，晚年學密，潛修甚殷，來臺後維護佛教，不遺餘力，每當啟建法會，領導贊助甚多。

△先生深居庭園，每以讀書寫字自娛，除對佛學有深湛鑽研外，其書法自成一家。目下臺灣書法家對隸書之工整雄勁，尚無出其右者。北投道上，中外慕名索求墨

寶者，絡繹不絕，幾乎來者不拒，樂此不疲。

△先生參加辛亥革命時，爲卅二歲。因此，夷公較中華民國長卅有三載。當年參加此偉大革命行列，自桂至湘轉鄂。適南北和議成立，趙部奉調南京，臨行之前，兵荒馬亂，需款甚亟，乃向黎元洪都督商借五萬圓，以利軍行，及抵金陵，軍餉撥下，立刻悉數奉還。清末民初，軍隊借餉欠而不還，似成例規，而先生重然諾、講信義，朋友言談之間，每多笑其迂濶，夷公卻不以爲然，而今成爲美談。此事因而受到黎宋卿（元洪之字）之器重，後來二次革命失敗，先生被袁世凱之部屬捕押，欲加殺害，黎聞而伸手援救，得以脫難。

附錄五之二

# 哭午叔

趙聚鈺

自吾叔之嬰疾住院，與病革易簀以來，吾終日椎心碎魄，悽切徬徨，不能自己，蓋與叔死別之戚，實極此生之酷，與鮮民之痛無殊也。念幼處孤露，怙叔若父，二十餘年來，羈旅相聚，尤倍極親切，固非平常叔姪之誼可擬，吾叔生平立身行己，與其居官施事，影響於聚鈺者既深且鉅，而蒙愛護之殷，教督之勤，期許之切，不殊所生，駑質樗材，得有今日，吾叔之所賜爲多；而自顧行能無似，忝竊非據，雖勉竭棉薄，莫補時艱，深慚無以副吾叔之厚望，此則尤爲惶悚疚咎者也。緬吾叔之豐功偉烈，早已昭昭在人耳目，無待贅辭，顧其愛國之肫篤，居官之清廉，持躬之嚴正，待人之長厚，有非世人所克盡知者。溯其就學東瀛，即傾心革命，隸名同盟，武昌舉義，帥師馳援，力扞前敵。癸丑二次革命，觸怒袁氏，囚繫燕京，幾至不免。而致身許國之心，經艱彌厲，主政吾湘，爲時最久，當南北政爭，軍閥肆虐之際，與譚公組庵，首倡聯省自治，極力保境安民，使桑梓免於兵燹者六載，甘棠之詠，遍於三湘，然吾叔仍以在位時期格於環境，未竟厥施，引爲歉咎。居常訓勉聚鈺砥礪志業，期他日光復大陸，以臺灣建設規模，施於鄉邦，補其闕憾。自渡海居臺，無日不以反攻復國爲望，受任資政，每以所見上書建議，悉中竅要。參加國民代表大會，及光復大陸設計會，莫不竭慮抒籌，多所靖獻，且堅信復國建國工作，必能在偉大總統 蔣公英明領導之下，順利完成，耄耋餘年，定可歸老故里。最近因悉國際姑息逆流高漲，居恆悒悒不歡；洎聯合國非法排我納共，益增憤慨，寢饋不安，上月感疾住院，聚鈺頻頻省侍，親侍藥石，病榻把手，猶時以國事相詢，彌留之際，以未覩中興，獲正首丘爲恨。昔趙鼎丹心獨炳，萬死不移，陸游臨沒示兒，九州是念，忠藎之懷，殆與同軌。居官清廉，更無愧遠祖清獻公琴鶴之風，雖歷秉節鉞，未嘗一殖私產，生活儉約，有逾寒素。來臺後，每思醵資，爲叔祖甓庸公設獎學金，而歷年撙節諸郎菽水之資，僅得十餘萬元，悉贈國立臺灣大學及清華大學作獎學金，其清廉如此。至其在抗戰時斥拒日人組織武漢僞府之請，及三十八年揭發湖南自救運動陰謀，力加駁斥，勁節清操，大義懔然，非所謂傲然不欺其志者乎。平生立已飭躬，夙以遠祖清獻公自期，而治軍牧民，則以鄉賢曾左二公爲法。其總戎也，則士卒親若子弟；其主政也，則烝黎視若父兄。愷悌慈祥，藹然如春風之煦百卉。晚歲禮佛耽禪，勤修慧命，渡世濟人，汲汲惟恐不及。曾與屈映光先生共同主修《中華大藏經全集》，並於日月潭建立玄奘寺及慈恩塔，覓地籌款，爲力至劬，對宏揚佛法，功德極鉅。揆其持躬立節，實以儒家爲宗，而慈慧悲智，則得我佛之眞諦，臨沒神志湛然，安祥怛化，容色光潤，逾於生時，信知生來有自，證果可期，卽其生前克致大位，獲享遐年，亦實非偶然也。訓迪子姪，懇誠周至，常勗其法古則先，毋忝厥祖。對聚鈺耳提面命之餘，更不時貽書誡督，在臺歷年所賜手札，經輯存者，不下百數十通，其大旨以近世尙功利，而薄道誼，重物質，而忽精神，流弊所至，遂使官邪民媮，道喪俗敝，共軍乘之，竟淪全陸。今欲挽狂瀾，正人心，端賴賢者在位，重整固有道德，躬行實踐，庶收風行草偃之效。並勉以虛以持己，勤以奉公，忠以事上，誠以率下，信以待友，和以接物，力學勤問以益知，懲忿窒慾以保體，謙沖自牧，寧靜自安，其他遇事策勉，隨機啟發者，不可枚舉。至理名言，胥爲進德修業箴時救弊之圭臬。惜聚鈺涼德薄植，無以躬行實踐，然亦不敢不自勉也。今吾叔奄忽已逝，頓失瞻依，謦欬莫親，永別終古，銜悲茹痛，菀結於懷，援筆洩哀，百不罄一。此後惟恪循遺訓，勉策駑駘，竭智盡忠，努力國事，其所以報吾叔之高厚，慰地下之殷期者，如是而已。於今國步雖艱，而上下奮發，礪薪膽，共軍暴政，終必覆亡，異日者，王師北定，政府還於舊都，定將吾叔旅櫬，歸葬先塋，完其素願。亦冀吾叔在天之靈，默佑國運。雲旗風馬，能獲義師之旂，而共還於大陸也。

（轉載中央副刊）

# 附錄五之三

## 輓聯選錄

以文謨武烈名世，功德圓成，選佛場中應上座；與湘蘭沅芷同芳，耄期殂謝，耆英會裏失斯人。

——嚴家淦

宿望溯同盟，開濟宣勤，績昭內外；

耆年工作輔，典型猶在，禮備哀榮。

——蔣經國

命世建文武勛名，開國經邦，勤宣內外；臺耇作中興輔弼，愼終展奠，禮備哀榮。

——何應欽

立身行己，夙以遠祖清獻公自期，許國惟忠，持躬惟正，一生事功志業均可相方，晚歲福壽齊全，逾耄耆動人共仰；

誠姪垂規，足與東漢馬伏波並耀，怙叔若父，視我若兒，獨立鶩質樗材幸蒙培植，今後瞻依頓失，撫棺長慟淚難收。

——趙聚鈺

## 炎公書翰

廣忠法師淨席 梨山建寺事主任
委員屢次詢及何以毫無信息前者 法師與
道安所看之地前面有大池者
總統甚喜其地擬作別墅之用建寺則可
另覓一極廣之地並願代種菓樹以作佳
寺僧伽生活之需玉道安師曾要我供給
大木樹林林以為建寺之用對該木材係林管

局所有不能代 先但將來運輸建築材料

我當盡力請輔導會幫助接此信後請

法辦理即來台北約同 道安所商一切進行

之後不晚 尊意以為如何此事似不宜再

遲倘有人事變動則進行更為難矣此頌

佳樂 趙恒惕 時年八十和南 四月廿日

廣興法師慧鑒：近因病入院久住，承
示維持皆未即函復，甚歉。私人購地事無此巨款，
出家購地無此力量，只有作罷，深勞
費力。極歡福壽山建寺事，近來經費可自美
歐者家已回，昨時當再言之，總以早日成功為佳。擬
建造費公家無法補助，是一大問題，也不知如何計
畫此款。
精進
道悟　慧知　南　六月五日

又福壽山與梨山是否一地？又此林工作站屬於林務局之一甲種？●由人民可出行

廣忠法師 福青山建寺事主任委員
甚費感擔措地不能太廣太寬不能補助經費
凡作佛事識心為之某款不難至於地面光凡生
應為自給之計則要求多撥請亦可能務乞多方
進行以早日觀成為禱 來書謂鯉魚潭畔
有一林地可供建築請飭手續從詳 委人調
查詳示地勢及價格手續等又交通亦甚要緊此頌
精進 趙恆惕 和南 二月十四日

孟完先生書翰

從殊域得正法妙典而遂備經不盡奇袠
弘願至誠昭萬古
覺迷銷劫拯羣生
當舉世方沸海沉陸之會期藉無邊佛力

光中監院法師大鑒：因出國稽復，

爲歉。七月十二日

大函敬悉。承

告六龜寺對聯擬以賤字落款製

懸一節，請印照一份，特爲布復，尚希

惠詧。順頌

時祺

趙聚鈺 敬啟

六十三年八月十七日

孟完用箋

光中監院大法師惠鑒四月廿三日
華翰誦悉 承
囑贈 貴寺對聯一節因本人不擅書
法故未能照辦殊感歉仄茲希
諒照並試擬一聯隨函檢附尚請
賜正 特函布復 祇頌
時祺

趙聚鈺 敬啟 五月二日

孟完用箋

光中法師法鑒：六月一日

大函誦悉。承　告關於撥地建寺事，因福

壽山至梨山一帶榮民農場用地內已無適

當土地可資撥用。最近曾往梨山視察，經

囑該地管理局呂局長設法尋覓中。特

先布復，尚請

惠照。順頌

法樂

趙聚鈺　敬啓

蓋完用箋

六十年六月十五日

附錄六

# 衡山趙公傳略

周德偉撰

公諱恒惕，字夷午，湖南衡山人。湖北方言學堂暨日本陸軍士官學校第六期砲科畢業。清末返國後，隨邵陽蔡公鍔主持廣西陸軍幹部學校，並督練新兵。廣西僻在邊陲，而風氣早開，二公實發其軔也。辛亥，武昌義師起，公已爲廣西新軍協統矣。與公同時畢業士官學校之唐繼堯、李根源則任雲南新軍標統，閻錫山山西新軍標統，李烈鈞江西新軍標統，其先後同學晉位鎭統、協統者，惟吳祿貞、徐紹楨、蔡鍔、張紹曾及公數人。一時際會風雲，宣勤時局，可謂異數矣。公留學日本時，已入籍同盟會，聞武昌首義，卽統率新軍擁廣西巡撫沈秉堃宣佈獨立。旋圖北伐，率師屯桂林。清軍南下，武漢危急，公率師徒步馳援，初戍武昌，繼駐孝感，當最前線與清軍對峙。湖北大都督黎元洪任公爲左翼軍司令。民國元年，臨時革命政府陸軍總長黃公興檄公東下，任第十六旅旅長。厥後黃公一意裁兵，奠安黎庶，遣公返湘，助都督譚公延闓整編部伍。公舉措嚴明，各方翕服。二年，國民黨代理總理宋教仁遇害，二次革命起，公受任總指揮，率師攻鄂，已克蒲圻，會贛、寧兵敗，袁世凱命湯薌銘率海陸軍入湘，世凱緝公亟，公爲湯所獲。薌銘勇於殺戮，世稱湯屠，得公不敢自專，拘送京師，判刑十年，其未遭不測者，則湖北都督黎公一言之力也。黎公電世凱曰：「如殺趙君，失天下心。」初，公自念必死，在獄讀《易》誦佛，心地朗澈。四年，世凱圖稱帝，頒赦令，乃應元洪請，釋公出獄。五年，潛返湖南，招集舊部，策動反袁，逐驅湯薌銘。譚公返湘，受任湘軍第一師師長。冬，奉命代理督軍。六年，與劉建藩首義護法，公當前敵，與北軍鏖戰四年。九年，光復湘省。冬，譚公辭職，以軍事付公。十年，冬，任湖南省省長兼湘軍總司令。敦聘名賢王正廷、蔣方震、湯漪、李劍農、鍾才宏、吳景鴻等創制省憲，勤求法治。熊希齡、章炳麟、康有爲、梁啟超、章孤桐、張君勱等來湘觀政，備致推崇。當時國士幾皆樂爲其用。旋出師援鄂自治，已大挫王占元及孫傳芳等軍，直抵汀泗橋，武昌指日可克。吳佩孚挾直、魯、豫三省兵力南下，遣海軍襲岳陽。川軍應援失期，公乃親訪佩孚，曉以大勢，佩孚卒爲之屈，撤兵北返。公卽宣佈省憲，撫卹傷殘，民忘其戚。旋依法當選省長，任職四年。省刑罰，薄賦斂，整軍伍，廢防區。創立湖南大學，擴展國民教育，築公路，建工業，湖南之政，遂爲全國之冠。十四年，唐生智漸貳于公，部曲環淸剪除。公曰：「余以護法自治始，以內戰終，毋乃剌謬乎。與其取之，盍若予之。」遂任生智代理省長，並語之：「鄉邦不可殘也，人民不可刦也。幸全湖南以待時會。」過武漢，佩孚欲以武力助公返任，公婉謝之。公心胸恢廓，若無涯涘，豈淺人所能窺哉。二十六年，抗日軍興，今總統　蔣公起公任國民政府軍事委員會上將軍事參議官及湖南省臨時參議會議長。抗日勝利，政府頒授勝利勛章。聯任湖南省議會長十年，領導輿論，萬口交誦。三十四年，當選國民大會代表。四十年，受聘爲總統府資政。公當擾攘之世，從容中道，晚年勤修慧業，禮佛至虔，曾與屈映光先生共同主修《中華大藏經全集》；並於日月潭建立玄奘寺及慈恩塔，對宏揚佛法，功德至大。平居以翰墨自娛，擅漢隸，曠世罕儔。六十年，薨於臺灣，享壽九十有三。德配童夫人，淸浙江溫處道童兆蓉之女孫。子四、女二、孫七。大德昌後，豈不信歟。

# 書後感言

回溯從前我跟隨道安老法師上臺中、梨山籌建道場的一段因緣，那時候我們的意思，準備在那裏覓地興建一座梨山叢林——福壽山·般若禪寺——宗旨：「除安僧、辦道外，還要附設一所具有相當規模的佛學研究機構，納受各國有志於佛法研究的青年學子來臺修學。」後來由於玄奘寺的差別因緣出現，相繼轉赴日月潭·玄奘寺來了。雖然這兩個地方，各有千秋，但是我們此來，端爲擴建此一舉世矚目的佛教代表性的玄奘大師的道場，和創辦開新紀元的僧教育。其意義與價值尤爲殊勝、難得。

環顧這些殊勝因緣得以形成，端賴炎公長者德高望劭，有以致之，是故我們亦可說秉承他老人家的旨意，受其吋囑而去那些地方。這種稀有的因緣會合，可謂踏破鐵鞋無覓處。

揆諸事實，昭然若揭，當時不論上梨山也得，以後來玄奘寺也罷，假使我們自己那個時候眞的能够一秉初衷，發心到底，茹苦含辛，憤發圖強的身體力行；尤其事在人爲，在「自助而後人助」的信念中，抱定破釜沉舟的決心和勇氣；而且以實事求是作爲中去結茅開山的話，以後的成就必然可觀。

因爲這兩處地方的客觀條件和環境，實在太優越，太優越了！謹以炎公來說，他老人家與總統　蔣公私交之深厚、彌篤，是爲國人周知。同時這兩處地方與建佛寺，他二老也十分歡喜、讚歎，而且寄予厚望，極願早觀其成。關於福壽山建寺之事，總統巡視梨山時，曾垂詢過趙主任委員，並飭相催。至於擴建玄奘寺，光輝民族聖哲的大業，　蔣公之垂注，尤爲殷切。

試想，這麼一個千年萬世難逢的因緣際遇來到，說得上是天大的好事。假使將來有什麼難關，只要炎公一句話，卽可迎刃而解。據說，過去他老護持汐止・彌勒內院・慈航老法師的時候，就是這個樣子的。何況此時此處情形，又優厚多了！

我們回過頭來說，將來那筆巨大建築費的籌措問題，也是當務之急。夫廣作佛事，與建道場，是爲僧伽之己任。像這些事，也還是要先從我們自己本身做起。過去大陸上叢林裏面有句成就道業的警策語：「將色身交給常住，把慧命付與龍天。」如果我們今天也能有這麼樣子的精神、毅力，櫛風沐雨，披星戴月，夙夜匪懈，胼手胝足的在那裏墾土拓荒。而他們兩位老人家又是此新興道場的大護法，威德所感，眾望所歸，不但必蒙佛佑，龍天護持，而且相信教內善信，乃至社會人士，凡是見到的人，誰都願樂欲為，相濟相助。進而我們更可引起海內外樂善好施的大心之士慷慨輸將，大力支持。在此眾志成城，源遠流長的護持下，何慮患之有？但是，有一點必須記住：我們自己最要緊的事，第一是信用！第二是信用！第三還是信用！

記得道老晉山頭年秋天的一個傍晚，炎公專誠去松山寺，與道老商談未來玄奘寺的擴建大計，我們都在座。那次晚餐吃了一個多小時，道老詳述各種構想，他老人家談得好高興，眞是不虛此行！

我總覺得過去我們自己口說的地方實在太多太多了，但是在玄奘寺這麼多年來，所謂「擴建玄奘寺的構想」，卻很少實踐諾言，沒切實把握住時機以及集中自己的精力，蠲除一些不必要的覊絆，朝向任重道遠的途程邁進；踏實的說，根本將此計畫一向就原封沒動擱置在那裏被塵封了！我在這本書裏的「懷炎公寄望道場振興」一欄裏曾經提到，當我遠涉花蓮山居前的一個晚上，與道老作為時達六、七小時的懇談時，此等要點，列為最優先，並且向他強調：「道裏有錢，錢裏沒道」這句話的重要性和影響力，旨在促其以領眾薰修為正途，緣才會來。我特別以慷慨的心情，苦切的語句，忠心輔佐的抱負，而且完全出自善意的一一分析，乃至諍勸、責難。很可惜！我與道老那始終無法溝通的觀念——代溝——畢竟稍稍深了一點。

他雖然是一位僧伽中德碩名厚的長老，但是他那無法克服的薄弱的一面，正是他去到玄奘寺有志（翅）難展的主要原因。道老胸無城府，但缺乏社會閱歷；喜辦事，卻容易受人左右。平時每當面臨大一點的問題，簡直就摸不開了。我親近他已十六年之久，據我所瞭解，那怕再好的事，一落到他的手中，就會變質、走樣，可是他偏偏喜歡作事。像他這種情形與作爲，想擔當玄奘寺住持的重任，當然很難！再加我自己又是一個低能、無用之人，不能爲他分憂，克盡輔建重任。我感慨的是……道老喜愛聽恭維的話，旁人縱有千慮一得，蒭莽之獻，也等視耳邊風，往往造成但聞雷聲隆隆，卻不見點雨滴下，尷尬得很的結局！

後人歌頌是另外一回事，於情於理，就事論事，這一程，我們始終走得太少太少了！這是無論如何說不過去的。這麼好的因緣際遇到來，如果遭遇到人力所無法抗拒的危難和傷害，那誰都會同情、原諒。可是這完全只怪我們自己是一個扶不起來的人，硬讓它空空的過去，眼睁睁地看着它白白的煙消雲散，所謂：「機會只有一次，稍縱即逝，而不可復得。」那是多麼可惜！可憾！可悲！可嘆！

現今旅居美國的幻生法師，眼看著道老我行我素，把擴建玄奘寺大業，置諸腦後而不顧，他十分慨嘆，並囑轉告道老：「縱使搞好了一百個別的寺，也敵不到一個玄奘寺呀！」他這言簡意賅，發人深省而極爲沉重的話，我向道老不只是提過一次。道老不但聽之藐藐，竟而大發雷霆：「嘿！你把我當成個什麼樣子的人，難道我是一個收香錢的和尚嗎？你要我守在玄奘寺去收香火錢，是不是？哼！我道安才不去哩！」

其實，發大心出家的人，都有他一個正確的志向，不會立志收香火錢。不過僧團裏執事行列中的香燈師，只要忠於職守，發心維護常住，鎭日照顧佛前香燭，收香油金，這又有什麼不好呢？否則的話，所謂「挑柴運水，無不是道。」那又該作如何解釋呢？以道老的聰明，怎麼會說出這種話來，實在令人費解！揆諸事實，自我檢討：玄奘寺的擴建大計絲毫沒有實現，客觀環境的阻難和障礙，我在文中已敍述得很詳盡，固然這些也很有關係，很有影響；但是自己的實際行動和具體表現，才是成敗的關鍵和轉捩點。每念及此，深深地感到我們實在太對不起炎公了！

質言之，也無可諱言的，這是道老與我一生當中非常非常遺憾的一樁事！我們這種內疚決不是語言、文字所能形容。炎公如今已西歸，道老也走了，我們這個遺憾何時才能彌補得了呢？記得道老圓寂後不久，我兩次在夢中見到他，迎面走來，相對無言，臉色呈現出難以名狀的神態。

乘騏驥以馳騁兮，
來！吾導夫先路也。
荃不察吾之中情兮，
反信讒而齌怒。
吾固知謇謇之爲患兮，
忍而不能舍也。

× × ×

初既與余成言兮，
後悔遁而有他。
余既不難乎離別兮，
傷靈修之數化。

右摘錄《楚辭》章句，聊爲寫意，用答道老夢中相見「感傷盡在不言中」之衷曲。當炎公往生後，我那時也還在玄奘寺（民國六十三年），我就想寫一篇長文悼念他老人家。基于以上所說，這是我誠摯的心願，也是我寫這本書的動機與緣起。

這本書原先只打算寫三萬五千字的短篇送到《獅子吼月刊》上發表。因為文體不太長，比較好處理，所以事先沒有列大綱，打腹稿，只是想到那裏，寫到那裏，脫稿後，即請該刊主編劉國香（圓香）居士斧正。他寓目後說：「你這篇文章具有歷史意義……，既已著筆，就把他寫長一點好不？」他曾提供卓見，並予斧正。

後來我改寫成七萬字的時候，曾向炎公哲嗣趙佛重居士請益，謬蒙讚譽，並相告：「宗教刊物，局限關係，看的人不會太多，等你完稿了後，先到《中外雜誌》上面去發表。因為這份學術性刊物，在臺灣文壇上具有相當分量，看的人也比較多。同時我希望你不必用筆名，就以現用的法號發表；刊載完畢後，再出單行本。」不過，後來受鄉親影響關係，改在《藝文誌》季刊連載。

佛重居士的美意既然如此，如果要把它印成卅二開單行本，嫌太薄了一點，所以後來又把它改寫成為十萬字。刈青後，總覺得始終沒有好好列出大綱來寫，更不是一氣呵成，很多地方殊多不妥。那時我也正好在幫張曼濤居士一個小小的忙，每次從山上茅蓬下來到臺北，也都住在慶城街大乘文化出版社（以下簡稱大乘），趁便請他撥冗將文稿予以修改。他瀏覽一過，並改了最前面三頁，承告：「你這篇東西，有好些地方的筆觸很細膩，思維力也不錯；但也有一些地方，大抵由於生活動蕩的關係，沒有好好靜下來寫。像你這樣的文章和寫法，可以寫到十四、五萬字的樣子，沒有什麼問題。」

當我最後寫成十五萬多字，再請他斧正時，適値他主編、發行一百册的《現代佛教學術叢刊》已出書逾五十本了，這是他主編過程中最緊張，最艱難的時期。雖然以後幾次想同我看看，可是事實上，他個人的精力，已不能應付了。我這份稿子擱置在他的案牘上，等他應邀去日、韓講學歸來，已經超過半年。迨去年舊曆年底，於是將文稿及一些附屬資料，悉轉交趙居士了。這半年多山居期間，將這份稿子又稍稍整理了一下，連同附錄兩篇——海天佛國，玄奘寺建設構想（代道老撰），因它與本書頗有淵源關係，故納入共計都十六萬餘言。

像我這磽薄未墾的心田，那能寫一個什麼東西出來呢？自從離開玄奘寺（民國六十四年四月一日）以後，這些年來，我一直過着雲遊生活，如是斷續的寫了逾兩年。雖然搜索枯腸，勉爲其難的湊成了這長篇，但今天得以與讀者見面，我只能算把這麼一堆文字聯綴了起來的綴文者。其修詞、潤色，還要謝謝開澄法師及趙佛重、劉國香、張曼濤三位居士寵賜卓見和斧正。

書的封面設計，特請中華電視臺新聞組雷夷居士發心。雷居士藝術的造詣精湛，而別具匠心，進入了光華的淨界，也深入了物體之內，運用其特殊的秉賦，發出他智慧的靈光，把那涵蘊着千年萬載世世代代永仰哲人肅穆、莊嚴更上一層樓的意境，都把它一一提昇、點化，讓它向每個人的心靈領域延伸、展開、結合。所以他這份青選，誰見到，誰都讚歎。非常的謝謝他！

我的書法不行，尤其行書更欠工整，如果速度稍稍快了一點，不但旁人認不得，有時連我自己也摸它不清。這幾次每次逾兩百張稿紙的謄寫，那只好偏勞大乘同仁：楊麗惠、徐增媛、呂碧玉、高清梅、賴如瑩、楊美升、葉麗雪、李淑英，暨淡水普門書局的游永福等諸賢者了。

他們出版社在極爲有限的人力中，在以編校工作必須完美的要求下，而刻期完成這麼厚厚的一百本書，上班時間他們每一位都很忙，也很辛苦。白天上班，晚上都把稿子帶回家去抄，有時連星期天全都佔去了。尤其楊麗惠居士，幾次爲我改稿、謄稿，眞是「久坐渾忘涼夜永」。

復次，我這個茅蓬搭在山高路險，人迹罕至之阿練若（寂靜處），從山脚下爬上來，足足要一個半小時。如今國民的生活水準普遍的提高，連這裏山下面的居民來此，亦視爲畏途；何況是都市中的人，怎能不興「蜀道難」之嘆！這半年多來，鳳羣這孩子，爲了我這份稿子，已攀登過八次之多，像他們這種全天候的服務精神和發心，令我無限的感激與欽佩！

永福，他在淡水開書店，尚未完婚，人手少，生意又好，一切都是自己動手，整日要照顧那麼大一間書店，可說是於百忙中偷閒來爲我謄稿，而且連稿紙等文具都是他供養的。尤其更難得的，我住在這麼高峻的山上，每個月的道糧，也都由他預先買好，自己一肩挑上來的，很令我內心不安。

還有碧玉、清梅二賢者的小楷寫得很棒，此外他們的幾位同學（我叫不出名字來），也被拉了幾次公差，特別在此謝謝他們幾位。

走筆及此，我另要一提的，現在我住的這個茅蓬，是臺北市士林區華嚴寺能建法師菩薩心腸，無條件施捨給我的。他交給我的時候，只把他一件七衣（袈裟）和一本《華嚴經》帶下山去，其他所有的東西及全套家具，一概留在茅蓬裏給我了。客夏初來，他怕我不方便，不習慣，還陸續送了好些食品上來。如果住在平地，交通方便，計程車送點東西，乃折枝之易；可是這麼高的山，從山脚下挑上來，又不是慣走山路的人，這種辛勞，那只有親身體念才能知道。如今託他的福，山上一切現成，樣樣不缺，所以我在此一直住得很自在、亨寧。他曾告訴我，四年前他化了三萬多元修好這個茅蓬。其實我與建師只有一兩面之緣，他這種「慈、悲、喜、捨」四無量心，普通人那裏能辦得到呢？古德云：「施主一顆米，大如須彌山」，宏恩厚德，不知何以爲報?!

刻任教於臺中市中興大學的朱明信居士，暨正久公司的廠長蔡湘燦居士，我這裏山上的道糧是他們二位發的心。說起他們二位來，眞是書不勝書。遠在十年前，從我初去玄奘寺起，他們兩家就開始護持我，那時候山上人手少，他們也剛走出大學門，眞的上自知客師，下至工友，連炊事、打柴、拖地板的工作，都是他們二位包了（另一位於兩年前早殤的蔡湘華，是蔡湘燦的哥哥，當時也納入此行列）。

冷落、寂寞、枯燥、單調，在青年人生活情趣的感受中，這是無法能使它平衡和適應自如的，然而他二人都忘了，卻一心爲佛法、爲三寶、爲道場、爲前無古人後無來者的聖僧玄奘大師效勞，好多次都是隨呼隨到，樂而不疲。尤其是爲玄奘大師的道場，從未收受任何酬謝，只有無盡的施捨；而且所作的盡是他人所不敢、不能、不會，也不願幹的事。說，誰都會說，做起來卻很難！後來我遠去花蓮山居的道糧以及在那裏修茅蓬的一切費用，也都是明信發的心。他笑瞇瞇的說：「師父呀！你住多久茅蓬，我就供養你多久。」此處限於篇幅，以後我要以「爲翰爲屏」爲題，寫出他們兩家虔誠獻香花，擁護法王家的殊勝功德，暨功不唐捐的一些眞實事蹟，作爲今日優婆塞、優婆夷的楷模。

中華民國六十八年八月三日光中寫于北投大屯山大登蘭若

# 三版跋

三民書局董事長劉振強先生，于民國七十五年年底時分，將此書寓目後，由于他對趙炎公也一向極爲欽遲欽挹，覺得拙著雖然文筆笨拙，但是寫得還踏實，尤其悉屬彰顯炎公的景行盛德，願將納入他們公司的《滄海叢刊、名人傳記》這系列出版，因而遵囑書中的文句又略事修飾了一下，少分的弦外之音也刪掉了。

復次，炎公對玄奘大師之崇敬，已詳之于正文。往昔曾與他老于榮總共住十天醫院辰光，談及過大師誌學及修證上的事蹟，如是，于「榮總夜話難忘」這個單元裏面，又增加了一兩個子題，略叙其取經、譯經，乃至唐太宗、高宗，及于西域留學等諸般古今罕類的壯烈事蹟、備極優厚禮遇的情形，以饗讀者。

值此三版付梓前夕，謹綴蕪言，永誌紀念。

中華民國七十七年十一月十六日光中寫於臺北市松山寺雲水寮

# 滄海叢刊書目（一）

**國學類**

| | |
|---|---|
| 中國學術思想史論叢(一)～(八) | 錢　穆　著 |
| 現代中國學術論衡 | 錢　穆　著 |
| 兩漢經學今古文平議 | 錢　穆　著 |
| 宋代理學三書隨劄 | 錢　穆　著 |

**哲學類**

| | |
|---|---|
| 國父道德言論類輯 | 陳立夫　著 |
| 文化哲學講錄(一)～(五) | 鄔昆如　著 |
| 哲學與思想 | 王曉波　著 |
| 內心悅樂之源泉 | 吳經熊　著 |
| 知識、理性與生命 | 孫寶琛　著 |
| 語言哲學 | 劉福增　著 |
| 哲學演講錄 | 吳　怡　著 |
| 後設倫理學之基本問題 | 黃慧英　著 |
| 日本近代哲學思想史 | 江日新　譯 |
| 比較哲學與文化(一)(二) | 吳　森　著 |
| 從西方哲學到禪佛教——哲學與宗教一集 | 傅偉勳　著 |
| 批判的繼承與創造的發展——哲學與宗教二集 | 傅偉勳　著 |
| 「文化中國」與中國文化——哲學與宗教三集 | 傅偉勳　著 |
| 從創造的詮釋學到大乘佛學——哲學與宗教四集 | 傅偉勳　著 |
| 中國哲學與懷德海 | 東海大學哲學研究所主編 |
| 人生十論 | 錢　穆　著 |
| 湖上閒思錄 | 錢　穆　著 |
| 晚學盲言(上)(下) | 錢　穆　著 |
| 愛的哲學 | 蘇昌美　著 |
| 是與非 | 張身華　譯 |
| 邁向未來的哲學思考 | 項退結　著 |
| 逍遙的莊子 | 吳　怡　著 |
| 莊子新注（內篇） | 陳冠學　著 |
| 莊子的生命哲學 | 葉海煙　著 |
| 墨家的哲學方法 | 鐘友聯　著 |
| 韓非子析論 | 謝雲飛　著 |

| | |
|---|---|
| 韓非子的哲學 | 王邦雄 著 |
| 法家哲學 | 姚蒸民 著 |
| 中國法家哲學 | 王讚源 著 |
| 二程學管見 | 張永儁 著 |
| 王陽明——中國十六世紀的唯心主義哲學家 | 張君勱原著、江日新中譯 |
| 王船山人性史哲學之研究 | 林安梧 著 |
| 西洋百位哲學家 | 鄔昆如 著 |
| 西洋哲學十二講 | 鄔昆如 著 |
| 希臘哲學趣談 | 鄔昆如 著 |
| 近代哲學趣談 | 鄔昆如 著 |
| 現代哲學述評(一) | 傅佩榮編譯 |
| 中國十九世紀思想史(上)(下) | 韋政通 著 |
| 存有·意識與實踐——熊十力《新唯識論》之詮釋與重建 | 林安梧 著 |
| 先秦諸子論叢 | 康端正 著 |
| 先秦諸子論叢(續編) | 康端正 著 |
| 周易與儒道墨 | 張立文 著 |
| 孔學漫談 | 余家菊 著 |
| 中國近代哲學思想的展開 | 張立文 著 |
| 近代哲學趣談 | 鄔昆如 著 |
| 現代哲學趣談 | 鄔昆如 著 |
| **宗教類** | |
| 天人之際 | 李杏邨 著 |
| 佛學研究 | 周中一 著 |
| 佛學思想新論 | 楊惠南 著 |
| 現代佛學原理 | 鄭金德 著 |
| 絕對與圓融——佛教思想論集 | 霍韜晦 著 |
| 佛學研究指南 | 關世謙 譯 |
| 當代學人談佛教 | 楊惠南編著 |
| 從傳統到現代——佛教倫理與現代社會 | 傅偉勳主編 |
| 簡明佛學概論 | 于凌波 著 |
| 修多羅頌歌 | 陳慧劍 著 |
| 禪話 | 周中一 著 |

**自然科學類**

| | |
|---|---|
| 異時空裡的知識追求——科學史與科學哲學論文集 | 傅大為 著 |

**社會科學類**

| | |
|---|---|
| 中國古代游藝史——樂舞百戲與社會生活之研究 | 李建民 著 |
| 憲法論叢 | 鄭彥棻 著 |
| 憲法論衡 | 荊知仁 著 |
| 國家論 | 薩孟武 譯 |
| 中國歷代政治得失 | 錢 穆 著 |
| 先秦政治思想史 | 梁啟超原著、賈馥茗標點 |
| 當代中國與民主 | 周陽山 著 |
| 釣魚政治學 | 鄭赤琰 著 |
| 政治與文化 | 吳俊才 著 |
| 中國現代軍事史 | 劉 馥著、梅寅生 譯 |
| 世界局勢與中國文化 | 錢 穆 著 |
| 海峽兩岸社會之比較 | 蔡文輝 著 |
| 印度文化十八篇 | 糜文開 著 |
| 美國的公民教育 | 陳光輝 譯 |
| 美國社會與美國華僑 | 蔡文輝 著 |
| 文化與教育 | 錢 穆 著 |
| 開放社會的教育 | 葉學志 著 |
| 經營力的時代 | 青野豐作著、白龍芽 譯 |
| 大眾傳播的挑戰 | 石永貴 著 |
| 傳播研究補白 | 彭家發 著 |
| 「時代」的經驗 | 汪 琪、彭家發 著 |
| 書法心理學 | 高尚仁 著 |
| 清代科舉 | 劉兆璸 著 |
| 排外與中國政治 | 廖光生 著 |
| 中國文化路向問題的新檢討 | 勞思光 著 |
| 立足臺灣，關懷大陸 | 韋政通 著 |
| 開放的多元化社會 | 楊國樞 著 |
| 臺灣人口與社會發展 | 李文朗 著 |
| 日本社會的結構 | 福武直原著、王世雄 譯 |
| 財經文存 | 王作榮 著 |
| 財經時論 | 楊道淮 著 |

**史地類**

| | |
|---|---|
| 古史地理論叢 | 錢　　穆　著 |
| 歷史與文化論叢 | 錢　　穆　著 |
| 中國史學發微 | 錢　　穆　著 |
| 中國歷史研究法 | 錢　　穆　著 |
| 中國歷史精神 | 錢　　穆　著 |
| 憂患與史學 | 杜維運　著 |
| 與西方史家論中國史學 | 杜維運　著 |
| 清代史學與史家 | 杜維運　著 |
| 中西古代史學比較 | 杜維運　著 |
| 歷史與人物 | 吳相湘　著 |
| 共產國際與中國革命 | 郭恒鈺　著 |
| 抗日戰史論集 | 劉鳳翰　著 |
| 盧溝橋事變 | 李雲漢　著 |
| 歷史講演集 | 張玉法　著 |
| 老臺灣 | 陳冠學　著 |
| 臺灣史與臺灣人 | 王曉波　著 |
| 變調的馬賽曲 | 蔡百銓　譯 |
| 黃　帝 | 錢　　穆　著 |
| 孔子傳 | 錢　　穆　著 |
| 宋儒風範 | 董金裕　著 |
| 增訂弘一大師年譜 | 林子青　著 |
| 精忠岳飛傳 | 李　　安　著 |
| 唐玄奘三藏傳史彙編 | 釋光中　編 |
| 一顆永不殞落的巨星 | 釋光中　著 |
| 新亞遺鐸 | 錢　　穆　著 |
| 困勉強狷八十年 | 陶百川　著 |
| 我的創造・倡建與服務 | 陳立夫　著 |
| 我生之旅 | 方　　治　著 |

**語文類**

| | |
|---|---|
| 文學與音律 | 謝雲飛　著 |
| 中國文字學 | 潘重規　著 |
| 中國聲韻學 | 潘重規、陳紹棠　著 |
| 詩經研讀指導 | 裴普賢　著 |
| 莊子及其文學 | 黃錦鋐　著 |
| 離騷九歌九章淺釋 | 繆天華　著 |

| | |
|---|---|
| 陶淵明評論 | 李辰冬 著 |
| 鍾嶸詩歌美學 | 羅立乾 著 |
| 杜甫作品繫年 | 李辰冬 著 |
| 唐宋詩詞選——詩選之部 | 巴壺天 編 |
| 唐宋詩詞選——詞選之部 | 巴壺天 編 |
| 清眞詞研究 | 王支洪 著 |
| 苕華詞與人間詞話述評 | 王宗樂 著 |
| 元曲六大家 | 應裕康、王忠林 著 |
| 四說論叢 | 羅盤 著 |
| 漢賦史論 | 簡宗梧 著 |
| 紅樓夢的文學價值 | 羅德湛 著 |
| 紅樓夢與中華文化 | 周汝昌 著 |
| 紅樓夢研究 | 王關仕 著 |
| 中國文學論叢 | 錢穆 著 |
| 牛李黨爭與唐代文學 | 傅錫壬 著 |
| 迦陵談詩二集 | 葉嘉瑩 著 |
| 西洋兒童文學史 | 葉詠琍 著 |
| 一九八四 | George Orwell 原著 劉紹銘 譯 |
| 文學原理 | 趙滋蕃 著 |
| 文學新論 | 李辰冬 著 |
| 分析文學 | 陳啟佑 著 |
| 解讀現代、後現代——文化空間與生活空間的思索 | 葉維廉 著 |
| 中西文學關係研究 | 王潤華 著 |
| 魯迅小說新論 | 王潤華 著 |
| 比較文學的墾拓在臺灣 | 古添洪、陳慧樺主編 |
| 從比較神話到文學 | 古添洪、陳慧樺主編 |
| 神話卽文學 | 陳炳良等譯 |
| 現代文學評論 | 亞菁 著 |
| 現代散文新風貌 | 楊昌年 著 |
| 現代散文欣賞 | 鄭明娳 著 |
| 實用文纂 | 姜超嶽 著 |
| 增訂江皋集 | 吳俊升 著 |
| 孟武自選文集 | 薩孟武 著 |
| 藍天白雲集 | 梁容若 著 |
| 野草詞 | 韋瀚章 著 |

| | |
|---|---|
| 野草詞總集 | 韋瀚章 著 |
| 李韶歌詞集 | 李韶 著 |
| 石頭的研究 | 戴天 著 |
| 留不住的航渡 | 葉維廉 著 |
| 三十年詩 | 葉維廉 著 |
| 寫作是藝術 | 張秀亞 著 |
| 讀書與生活 | 琦君 著 |
| 文開隨筆 | 糜文開 著 |
| 印度文學歷代名著選(上)(下) | 糜文開編著 |
| 城市筆記 | 也斯 著 |
| 歐羅巴的蘆笛 | 葉維廉 著 |
| 移向成熟的年齡1987～1992詩 | 葉維廉 著 |
| 一個中國的海 | 葉維廉 著 |
| 尋索：藝術與人生 | 葉維廉 著 |
| 山外有山 | 李英豪 著 |
| 知識之劍 | 陳鼎環 著 |
| 還鄉夢的幻滅 | 賴景瑚 著 |
| 葫蘆・再見 | 鄭明娳 著 |
| 大地之歌 | 大地詩社 編 |
| 往日旋律 | 幼柏 著 |
| 鼓瑟集 | 幼柏 著 |
| 耕心散文集 | 耕心 著 |
| 女兵自傳 | 謝冰瑩 著 |
| 抗戰日記 | 謝冰瑩 著 |
| 給青年朋友的信(上)(下) | 謝冰瑩 著 |
| 冰瑩書柬 | 謝冰瑩 著 |
| 我在日本 | 謝冰瑩 著 |
| 大漢心聲 | 張起鈞 著 |
| 人生小語㈠～㈣ | 何秀煌 著 |
| 記憶裏有一個小窗 | 何秀煌 著 |
| 回首叫雲飛起 | 羊令野 著 |
| 康莊有待 | 向陽 著 |
| 湍流偶拾 | 繆天華 著 |
| 文學之旅 | 蕭傳文 著 |
| 文學邊緣 | 周玉山 著 |
| 文學徘徊 | 周玉山 著 |

美術類